子どもを
とらえる眼を
より深めるために

堀沢敏雄

あけび書房

序文　教えるとは希望を語ること

これは、アラゴンの詩の一節だが、「学ぶとは誠実を胸にきざむこと」と続く。私は、この詩を堀沢先生から教わり、繰り返し心に刻んできた。堀沢先生は、退職記念文集で『教育の仕事、その喜び』という詩を私たちに贈ってくれた。その中に、

「教師が明るい目で子どもの事実を見つめることができるようになった時、そこにはじめて教師と子どもの心の交流が生まれる。」

という一節がある。私は、もっともっと学びたいと思った。

堀沢先生が講師をしてくださった「沼田あしびの会」と「藤岡萬葉を読み継ぐ会」には、できるだけ参加して、学び、学んだことを書き綴った。それを堀沢先生は、手書きの「あしびの会月報」で紹介してくださった。その一つに『生産の生活のリズム――あしびの会三月例会――』がある。

「宮下先生は、『落語なんかも、その本当のおもしろさは、だじゃれにあるのではなくて、しっかりした日本語の表現によって、人間としての共感が生み出された時じゃないかな。』と話してくれた。私は学校で、テストの点をあげるだけの授業にしてはいけないと思いながらも、結果的にそうなってしまっていた自分を思った。自分がこだわらなくてはいけないのは偏差値ではなく、『いいなあ。』と思える作品で学んでいく授業を創ることなんだとあらためて思わされた。『玉かぎる夕さり来れば猟人(さつひと)の弓月(ゆづき)が嶽(たけ)に霞たなびく』を読みながら、堀沢先生が『この歌はただの叙景歌なのではなく、枕詞などにも生産の生活のリズムがあって、なんとも豊かなひびきがありますね。』と説明してくれた。『生産の生活のリズム』という言葉が心に残った。

　例会が終わった後、堀沢先生から『きょうと２７６』を借りて、それを読んだ。工藤先生が『精神のリズム』という文章の中で『堀沢さんが、本屋にかかっているレンブラントの一枚の絵を見たいために、毎日のようにその本屋に通われた。そういう堀沢さんに、たまらない共感をおぼえる。『いいなあ』と思うものに寄せる想いの深さ、それが知らず知らずに足を向かわせる。ほんものの芸術作品にはそういう〈ふしぎ〉な力がある。』と書かれていた。『生産の生活のリズム』を具体的に自分自身のものとするためにも、万葉集を読みつづけ、ほんものの芸術作品を味わっていきたい。」

堀沢先生は、「京都音楽教育の会」と深いつながりがあり、年に一、二度、文学の講師をされていた。

「綴方の作品を読む——中学生、私たちの生活と意見——」「森鴎外『山椒大夫』を読む」「『雛』（芥川龍之介）を読む——本を読むたのしみ——」「芥川龍之介『芋粥』、『白』を読む」……どの会も「学びたい」と思い、ワクワクして、京都への旅に同行させていただいた。堀沢先生が創ってくださるテキストは、本当に素敵で、文学の時間が楽しみだった。『綴方の中の子ども』の「あとがき」で『仕事』（萩原孝治）という作文が紹介されている。その中に、「ひたすらひたすら仕事をして、そして、最後によろこびがあるのだ。」という一文がある。堀沢先生といっしょに芥川龍之介の作品の世界を旅させてもらっていると、読み終えた時、読んでいただいた時、よろこびでいっぱいになった。

当時担任していた子どもたちとも『白』や『杜子春』をいっしょに読んだ。堀沢先生は、「京都のみんなは、すごいね。話していて、楽しいね。」と話してくれた。

今回、堀沢先生が『きょうと』へ寄稿された文章を一冊の本にしてくださるときき、本当に嬉しく、序文まで書かせていただいた。

（宇敷輝男）

子どもをとらえる眼をより深めるために　●目次

続・子どもをみつめる眼をより深めるために

子どもをとらえる眼をより深めるために

今号から毎月、堀沢先生がふだん、自分自身の教育時評ということで書いておられるものをサークルだより（「きょうと」）に載せることになりました。題して「子どもをとらえる眼をより深めるために」。

ご愛読を――。そして、感想をおよせください。

（京都音楽教育の会）

授業中の筆者

①天邪鬼

いつでしたか、何かの折に木村次郎さんを囲んで話をしていた時、天邪鬼のことにふれて話がはずんだことがありました。

木村さんが創作された『瓜子姫とあまんじゃく』は影絵の音楽劇ですが、ぼのぼのとした豊かさがあって、いつ見ても心のあたたまる美しい物語になっています。そこに出てくるあまんじゃくも、悪者でありながら、何とも憎めないユーモラスな存在として創造されています。

もともと天邪鬼というのは、辞書にも「①何でもわざと人にさからう行動をする人。もと昔話に出てくる悪者。②仁王の像がふみつけている悪鬼。」（岩波国語辞典）とありますから、どうみても人に好かれる存在ではありません。奈良で仏像などを見ても、足もとにふみつけられて目をむく天邪鬼の姿は何とも異様です。

木村さんはしかし、むかしその天邪鬼の像の中に、何とも憎めない、生き生きとした人間本来のもつバイタリティーを見たといいます。昔、誰とも知らない無名の人たちがこの天邪鬼を造形したのだとすれば、天邪鬼の中には多くの庶民に親しまれる（あるいは憎めない）何かがあったのではないか……。そんな思いにかられたといいます。それが一つの執念となって、後年木村さんが書かれた『瓜子姫とあまんじゃく』に見られるようにユーモアにみちた天邪鬼として創造されたのだとも言われました。

私は木村さんからその話を聞いた時、

びしゃもんのおもきかかとにまろびふす
おにのもだえもちとせへにけむ

という会津八一の歌を思いだしていました。この歌の中にも見える天邪鬼にも、なんとも憎めない人間味豊かな所があります。この歌を中学三年生に教えて、一緒に修学旅行に行った時、奈良の寺で仏像に出会った子どもたちが、口々に「センセイ、あれだいね。『おにのもだえもちとせへにけむ』というやつは……。」とたのしそうに話しかけてきたのを今でもありありとおぼえています。いい子どもたちでした。

木村さんの天邪鬼の話は、教育とは何か、ということとも関わって、私に深い思いを残してくれました。教育とは、木村さんが人のいやがる天邪鬼からも人間味豊かな性格を引きだされたように、子どもの持つ生きた力を引きだすことだということが、いっそうはっきりとした思いとなって、私の胸にのこったのでした。

② 水すまし

斎藤茂吉の歌に

水すまし流にむかひさかのぼる汝がいきほひよ微かなれども

というのがあります。一読した時、何ということもなく通りすぎていたのでしたが、幾度となく繰返し口ずさんでいるうちに、ある形象が頭に浮かんでハッとしました。あるかなきかの、流れともいえないかすかな水の動き。川といっても大きな石と石との間のよどみのような所でしょうか。「流にむかひさかのぼる」という勢いのつよい語句も、水すましの姿を思いうかべると、とても「さかのぼる」などといえるものではありません。わずかな増水にも押し流されてしまうであろう、そんなかすかな力しか持たない水すまし。この「さかのぼる」という言葉には、微力な生き物が微力なるがゆえに全力を出しきっている形象がこめられています。そこに涙ぐましい感動がこもって、この歌を読む私自身のなりわいを省みさせる力ともなっています。

考えてみれば、私がはじめて教師になってからの三十六年間に交わってきた山村や農村の子どもたちも、私にとって、この歌の「水すまし」に通じる存在でした。鈍重で覇気がないといわれていた山村や農村の子どもたち。でも、私はこの子どもたちに綴方を書かせながら、この子たちの持つ生活感情に具体的にふれて、私のほうが人間が生きることのほんとうの意味を逆に知らされる思いがしました。それは教師としての私自身の生き方にもかかわることでした。逆境に生きる子どもたちの私に与えてくれた勇気でもあったのでした。

同じ斎藤茂吉に長塚節の歌を評釈した文章があります。その中に

すこやかにありける人は心強し病つつあれば我は泣きけり

という長塚節の歌があって、その評釈の文章の中に「ニイチェも健康者の病者に対する同情は常に自らを優者の位置に置くという欠点があるといったように思うが……」とか、又それにかかわって「実際健康者の同情というものもこの程度のものかもと知れないのである。」という文章があります。

私の教職生活の最後の三年間は障害児学級の仕事でした。その障害児教育の経験とかかわって、この茂吉の評釈文も私の胸にずっしりと落ちる文章の一つでした。障害児教育といっても、障害を負いながらも明るく一途に生きる子どもたちの姿は、同情をうける存在とは逆に、私たち教師に生きることへの励ましを与えてくれる存在であるといっていいでしょう。私自身は障害児である子どもたちが書く綴方や詩、そして一枚一枚の絵から、生きることへの限りない励ましを受けてきたのでした。

（一九八三年八月二十五日）

③ 牛飼い

明治の作家正岡子規は和歌の上の弟子である伊藤左千夫に宛てて、次のような歌を贈りました。

茶博士をいやしき人と牛飼をたふとき業と知る時花咲く

短歌に限らず、およそ文学といえるものは、とりすました高踏的なものであってはならぬ。「教育」もまた然り、というふうに私はこの歌を読みました。

私が教師生活二十余年を経て転任した赤城山麓の昭和村の子どもたちは、明け暮れ自家の農業労働によくいそしむ子どもたちでした。よく働くばかりでなく、家族と共に生産労働にうちこむかたわら、農業労働のつらさや喜びを作文や詩に書きつづる子どもたちでした。そうした子どもたちの書く綴方や詩の中に、すぐれて生活的で感動ふかいものが数多くあったのを今、思い起こすことができます。私は子どもたちが書く綴方作品に、私自身はげまされる思いをしました。そこに教育の仕事の喜びをとらえることもできました。その頃学校をまわってきては指導主事のふりまく「貧しい農山村では子どもが家事労働にかりたてられるために学力低下が起こる。」などという観念的な「教育環境論」に抗して「家でよく働く子どもほどよく勉強ができる」という言葉を子どもたちや父母たちの合言葉にしたりしたほどでした。子規のこの歌の「牛飼をたふとき業と知る時花咲く」はその間の思いともぴったりと符合して、この歌も私にとって忘れられない歌になりました。

伊藤左千夫はみずからの作歌のはじまりにあたって、

牛飼が歌よむときに世の中の新しき歌大いにおこる

とうたいました。左千夫自身はその頃本所茅場町で牛乳搾乳業を営んでいた歌人なのでした。

私が昭和村にいた頃、子どもはこんな詩を書いています。

かあちゃん　中2女

私のかあちゃんは農業によめにきた
農家でとくにひまの日といえば
お正月とおまつりぐらいだ
あとは毎日
いっしょうけんめい働く
私のかあちゃんも
農民の中の一人だ
春

まだ雪がふっていた
そとでかあちゃんとあんちゃんで
たばこのしろつくりだ
かあちゃんが私をよんだ
私は行って手伝った
十分、二十分とたつうちに
足がつめたくなってくるのを
こらえていた
かあちゃんが
「あたってこい」
といった
私はいろりにあたりながら
自分だけがぬっくかった
私にはかあちゃんががまんしているのが
わかった
冬十二月
私とかあちゃんでぼやまるきだ
私はかあちゃんのあとについて

開墾の上のほうに行った。
一そくまるくと道の所までおきに行く
それがほんとうにこわかった。
ぼやはこびは何回も何回もつづいた
ひろいきると場所をかえた
夕方三時ごろ
かあちゃんが
「おめえ、さきにいけ。一そくしょってかえれ」
といった。
「まだいる」
といったら
「あと何ぞくでもひろっていくから、さきにいけ」
とまたいった
「一そくしょってかえるよ」
といった
雪が降りだしていた
私は考えながらあるいた
農家はこんなにもいそがしい

けれどもかあちゃんは
一日一日とやすみなくやっていく
そんな母をみると
私は母をそんけいする

「私のかあちゃんも農民の中の一人だ」と胸をはって言うことばとともに、母の姿をとおして家の仕事にまむかう、まっすぐな明るい目を、この詩全体から感じとることができます。

一九七九年の雑誌『教育』の十一月号は、その年の九月に亡くなられた遠山啓先生の追悼号でした。その中に詩人大岡信氏の書いた追悼の詩が載りました。私はその詩を感動ふかく読みました。そして、「数学よりも芸術よりも先に／人間の諸能力の全身的な目覚めがなければならないことを／遠山さんは説きつづけられた」という文に接してはっとしました。私自身、生活綴方は直接の教師の指導ではないが、あらゆる教科の勉強の基礎になるものだという感じがしていたからでした。現実に根ざした生活綴方はほんとうの意味での科学的教育方法なのであり、そしてまたほんとうの意味でのヒューマニズムを育てる教育方法なのだという確信を、また更にふかめ得たような気がしたのでした。

「人間の諸能力の全身的な目覚め」——つまり人間として必要な知識や能力を身につけるための「精神」の緊張をふるい起こさせること——そのためには子どもたちの中からまず素直な感覚をとりもどさせることが必要になります。生活の事実をありのままにとらえ、書かせることを目ざす生活綴方は、生活に根ざした文や文章を書かせることで、子どもたちの持つ素直な感覚を引き出す力を持っていることを私に教えてくれたように思いました。

（一九八三年十一月八日）

カタクリ

④ 生活の灯

つい先日、十月中旬に私の退職をねぎらって、教え子たちが同窓会を沼田で開いてくれました。二十三年前に片品中学校で教えた同窓生たちでした。すでに三十代半ばを越して、四十代に近い年の教え子たちでした。皆それぞれに結婚して中学生や小学生を子どもに持つ父兄でしたが、中には十代で結婚して、高校生を頭に三人の子どもを持つ教え子もいました。

私はその会に出席するために、二十数年前にガンバリ刷りで出した文集を一冊用意しました。その教え子たちの書いた綴方の作品を収めた文集でした。

会のはじめの時に私はその中の一つ中村和江の書いた「母の就職」という詩を朗読しました。

母の就職　　中村和江（中３）

ひと月ぐらい前だった。
夜の十時半ごろ
ダダダダという音がきこえ
家のまえでとまった。
あんちゃんが戸をあけて

「ああ。今日も一日おわったか」

と言っていた。

母ちゃんもおかってのほうからきて
こたつの前にすわった。

あんちゃんが
「母ちゃん。中学校の小使にたのみてえっちゅうよ」

といった。

母ちゃんはまるい目をあんちゃんのほうにむけて
いった。

「おれにできべいかなあ。」

「できるさあ。和江だっているだもん。」

「そうだなあ。にしのかせぎきりじゃあ、どうにもなんねえかいなあ。」

「そうだよ。学校は鎌田だし、和江と二人で学校へとまればいいだもん。鎌田にいけは便利だし、姉さんちだってちけいしさ。」

「うん。」

「お茶をだしたり、朝そうじをしたりすればいいだっちゃ。そんなくれえなら、母ちゃんにもできると思うな。」

おれはそんな話をききながらふとんをしいていた。

おれは戸をあけて台所にいった。

「かあちゃん。小使さんにたのみてえだっちゅう?」

「うん。」

母はかんがえこんだ。

おれは
「かあちゃん。働かしてくれるっちゅうなら、おれもてつだうから、二人で一生懸命やるびゃい。」

といった。

「うん。二人ならなあ。」

この話をききながら兄ちゃんは
「もういいよ。今日はおせえから、あしたにしびゃあ」

といった。

おれも母も「うん」といい
そしてみんなでねた。

おれはふとんの中でねむれなかった。

——かあちゃんが小使さんに——

——しかもおれと同じ学校で——

——かあちゃんはかわいそうだなあ——

——おれが働けたらなあ——
かあちゃんは六十近い年ではたらく。
すこしまがりかけたこしではたらく。
おれは何ともいえない気持ちになった。
大尽の家なら六十にもなれば
いんきょでもしてくらすというのに。
おれは六十にもなるかあちゃんの働くすがたが
目にうかぶようだった。
それからだんだん目がほそくなって
ねむってしまった。

そのつぎの夜
鎌田から手紙がきた。
「小使さんにたのみたいから、あしたすぐ引っ越すように」
と書いてあった。
おれは思わず
「かあちゃん、よかったね。今度から二人で一生懸命働くびゃい」
といった。

かあちゃんはにこにこしながら
「うん。うん」といった。

今日はいよいよ引越しの日、
荷物をまとめて鎌田に引越した日の夜
おれはこう思った。
——かあちゃんと一生懸命働けば高校に出してもらえべえか——
するとかあちゃんが
「和江、一生懸命働いて、たとえ小さくてもいいから、家がほしいなあ。」
といった。
おれは
「うん」といった。
「おらあ、今一ばんほしい物は家だよ。」
おれは口ぐせのようにそういう母ちゃんを見て
そののぞみをかなえてやりたいなあ
と思った。
そう思うと
「かあちゃん、おらあ高校へいきてえよう」

なんていうことは
おれには言えない。
そりゃあ高校にいけば
いい職にもつけると思うけど
今のかあちゃんの状態を見ていると
おれにはそんなことはいえない。
これからもかあちゃんといっしょに
はたらくつもりだ。

二十数年前に書かれたこの詩は、そこに集まった同窓生たちに鮮やかな記憶を呼びさましてくれました。しずかな感動がみんなの心をつつみ、その同窓生の中にこの詩を書いた中村和江さんもいたのでした。

会は酒宴になっても少しも乱れませんでした。和江の書いたこの詩によって呼びさまされた記憶は、あの当時の学校生活の楽しかった思い出をつぎつぎにみんなに語らせてくれました。綴方で、山村の農業を営む父母と共に働く生活を書き綴ったことの記憶も楽しい思い出の一つとして語られました。

中学を卒業して生業についた二十数年間の生活は、彼等にとって苦しいことのみの多い生活でした。この詩を書いた中村和江も結婚してはじめての子どもが産後、発育がわるく、入院して生死の境をさまようほどの大手術をうけた時のことを話してくれました。あの時、子どもを見守っていた時の苦しさはとても口に出しては言えるものではなかったこと、ともすれば目をそらしてその場から逃げ出したくなる中で皆綴方を書く時に苦しかったことはただ「苦しい」とだけのことばで言いつくせることではない。その事実にまっすぐに目を向けることだ、という先生のことばを思い起こしたということでした。人間が本当に苦しいことに出会った時、その事実にまっすぐに目を向けることの中でほんとうに苦しく切ないということがわかったと報告してくれました。そして「そういう経験の中で私の人生観は変わった」とも話してくれました。

結婚した後も保健婦として癩患者の療養所で働くスミエは、患者たちと明るく接する中で、療養生活に一生を送る患者たちのひたむきな生への意志にふれて、自分の仕事の持つ重さに今更のように目を開かされたという思いをありありと語ってくれました。

和江の詩にもスミエの話にも、母親としての生き生きとした生活がありました。それがそこに集まった私や同窓生たちの心に明るく豊かな生活の灯をともしてくれました。

学校で子どもたちに綴方（作文）を書かせる時、自分の生活の事実をまっすぐに見て、その事実をありのままにかくように、と呼びかけることの意味はこのことなのだ、ということを私はあらためて思わされたのでした。

（一九八三年十一月二十五日）

⑤リアリズム――私のなかの斎藤茂吉――

・はじめに
中村草田男の句に

茂吉歓語手開き炭火見下ろして

というのがあります。私自身は、実在の茂吉に接したのは、昔『アララギ』の歌会で一度あっただけでしたが、この句には茂吉の姿が目に見えるように活写されています。これ以上簡潔にはなり得ようがないと思われる俳句の形式にもよるのでしょうが、「歓語」という漢語（これは洒落ではありません）がたいへん生きて使われているようにも思います。

茂吉はどちらかというと、沈痛で激しい心を秘めた歌を多く残した歌人でした。特に戦後を迎えた最晩年の作品などは、あの最上川の歌をはじめとして、その鬱屈した心が大きく広く具象化されていたといってもいいでしょう。

この句はしかしそうした茂吉の持つもう一つの面、軽妙でユーモラスな茂吉の姿をあざやかにとらえてみごとです。

・「アララギ表紙絵解説」

斎藤茂吉の文章に「アララギ表紙絵解説」というのがあります。むかし私は毎月『アララギ』に載る茂吉のこの表紙絵解説を読むのがたのしみでした。今はその当時の『アララギ』は散逸して、ほとんど手許にはありません。茂吉全集にはその解説の文章だけがおさめられており、絵はありません。しかし絵はなくても、その解説文だけで、手に取るように絵そのものが浮かび上がってきます。茂吉の書く文章は、そのときどきの絵の解説ばかりでなく、絵そのものを文章でありありと描きだしているのです。

たとえば、ブリュゲルの絵の解説につぎのような文章があります。

パウロの回心（昭和十三年六月号）

これは十六世紀の和蘭画家ピエテル・ブリュゲルが画いたパウロの回心の図である。パウロ（サウロ）はパリサイ使徒で基督教を迫害しつつあったのが、突如として回心するに至った。使徒行伝第二十二章に「ダマスコに近づけるに、時おほよそ日中（ひるごろ）、たちまち天より大（おほい）なる光ありて我を環照（めぐりてら）せり。われ地に仆（たふ）る」云々とある処の図であろう。全体が山嶽で遥か下に海と平原が見え麓の方から槍を持った兵が続々のぼってくる。美装した騎馬の将兵も既に多くのぼって来てゐる。槍持たぬ徒歩兵も沢山ゐる。その間にパウロの白馬が前脚を折って跪き、パウロが地に仆れてゐる。将卒の動揺驚愕してゐる画面の一隅に、此処に示した如き少年の喇叭手が大きな角の喇叭を腰にぶら下げて歩いてゐる。一匹の犬がこの大事件と無関聯なるがごとく少年に連れられてゐる。かう云ふ人生の隠れた寂しいユーモアをこの画家は生涯画いた。画は墺太利ウインの芸術歴史館にあって、ブリュゲル力作中の一つである。自分はウイン留学中幾たびかこの画を見た。風俗画は日本には、絵伝、縁起、絵巻等として特別の発達を遂げたが、西洋にはそれが思ったより多くなく、ブリュゲルなどは先づ珍とすべきものである。

絵を離して見るのでなく、傍ちかくで一つ一つ描かれたものを、あたかも虫めがねで見るようにして凝視する。その見方にひどく心をひかれたものでした。そうした凝視の中で絵の中に漂う「寂しいユーモア」を発見して、或る感慨にふけるというのも、私の心をひどくうれしがらせたものでした。丹念にものを描くということも、その底に心の躍動がなければかなうものではないことを、知らず知らずのうちに知らされたようにも思いました。そして、それがリアリズムなのだと思うようにもなりました。

アルプスの高原（昭和十三年九月号）

セガンチニ（一八五八〜一八九九）はアルプスの高原に住み、恰もバルビゾンのミレエが農民の生活を描いたやうに、山嶽地の寂しい敬虔な生活を描いた。描法は初期の印象派などに見えるのと同じであるが、追々細かく一つ一つの筆触が分かるやうになった。緑、黄、藍等が大体根調をなし、その中にこの牛に見るやうな褐と黒とが入ってゐる。雪のあるアルプスを直ぐ眼前に描いて、低く見えてゐるが、それだけ全体が高原地を暗指してゐて、きびしく寂しい感慨を起さしむる。丹念でなげやりでないこの筆觸は恰もゴブランなどの織物に対するやうな感であるから、余り遠く離れずに見るのが好いやうである。この画家の感傷はミレエよりも稍低いのだから、伊太利文芸復興期の巨匠などと同居せしめる訳には行かぬが、彼はただ自分に執し、虔しく為事をして此世を終ってゐる。私はウインとミュンヘン留学中彼の画に慰められたが、大正十三年十月チュリヒを旅して偶々開催中の遺作展覧会に於て殆ど全部彼の力作を見ることが出来た。彼の画中深秘夢幻的象徴的傾向のものを私は余り好まない。

このセガンチニの解説文も私の心をとらえてはなさないものの一つでした。セガンチニのアルプスの絵は、この解説文を読む前に複製で見たことがあって、それがこの解説文を一層興味ふかいものにしてくれました。「丹念でなげやりでないこの筆觸」とか「この画家の感傷はミレエよりも稍低いのだから」というコトバとともに、「彼はただ自分に執し、虔しく為事をして……」云々というとらえ方が、謙虚で自己に忠実なセガンチニの姿をとらえていて、ここでもリアリズムの持つ奥ふかさを知らされたように思ったのでした。

リアリズムとは、ただ単にありのままの事実をありのままにえがけばよいというものではないのでしょう。ありのままの事実に寄せる思いが強くふかくあってこそ、ありのままにえがく事実が、それをえがく者の一つの思想としてうけとられるほどの事実になり得るのであろうと思われます。事実によせる思いは内面のリズムとなって、読み手や見手につたわってきます。それが作品の内容となって私たちの脳裏にふかい印象を残すのだと思います。リズムというものもそのようにとらえれば、リズムは音楽や文章からばかりでなく、絵からもつたわってくるものだと言えるでしょう。

⑥次元　その高さ、低さ

――教科指導とかかわって――

一昨年、私の受持っていた障害児学級（中学校）では、毎日一時間乃至二時間を促進学級にあてていました。促進学級には普通学級から二年生が二人（男）、一年生が二人（男・女）きていました。主として算数を教えるわけですが、その時は私の障害児学級の三人も一緒に勉強します。

二学期の半ばごろ、一年生の女の子が担任の先生につれられて入ってきました。普通学級ではどうにもならないので、算数だけでも（なぜ算数だけでもなのか、いまだにわからないのですが）面倒をみてやってくれ、というのでした。

ためしに二ケタの掛け算をやらしてみました。全然できません。たし算なら、と思って二ケタのたし算をやらせましたが、これもだめでした。仕方がないので、『わかる算数（1）』をとりだして、一ケタのたし算をやらせてみました。

「ばかにするようでわるいけど、ちょっと、これ、やってみて。」

私はその子のノートに4＋3＝と書いてやらせてみました。おどろいたことに、これもできません。

勘定は……?と思って、念のために1から100までの数を言わせてみました。これはできます。でも、できないのがわるいと思っているのか、固くなって消え入りそうな声です。

「指をつかってもいいから、4+3をやってみて。」

指をつかうと、丹念にかぞえて、やっと答を出すことができました。

「できたね、それでいいんだ。できたじゃない。」

私はホッとし、女の子はニコリとしました。無邪気な笑顔でした。いい子だな、と私は思いました。

私はそのころ「教育とは何か」ということをしきりに考えさせられていました。中学生で、しかも普通学級にいて一ケタのたし算もできないとすれば、この子はどうにもならない子どもだということになるのでしょう。授業で救えといったって、それは土台むりだということになるのかも知れません。事実、その子どもの担任の先生は、障害児学級を担任している私なら、この子どもに算数を教えてやることができるだろうと思っているのでした。

でも、私自身は、これまで中学校の経験があるだけで、小学校の経験はありません。三十数年間、ほとんど国語ひとすじでやってきましたから、小学校の、しかも低学年の算数を教えたことなどはないのです。ですから、ほとんど数の概念を持たない子どもに、どうやったらそれを教えることができるかということになると、皆目見当もつきません。仕方なしに同僚の数学主任にその方法をきいてみました。どうにもだめです。特効薬などはないとにべもありません。

指をつかうよりほかに試算の方法をもたないこの子どもは、十指に余る計算になると、はたとゆきづまります。そんな時私は教室にあった碁石を持ってきて、それで数をかぞえさせました。どうやらすこしずつできるようになって、それがはげみになって、算数のたし算にうちこむようになりました。

でも、まだまだ不安です。碁石を並べて、その数をかぞえるようになったからといって、それでたし算ができるようにとは思えないのです。どうしたらほんとうにできるようにすることができるのか、そう思って算数を教えることの本質を考えていくことは、それがよしんばたし算のような算数や、数学の上では次元の低い問題ではあっても、それは教師の研究の問題として、決して低い次元のことではありません。

中学校では一ケタのたし算ができないという子どもは、そんなにいないかも知れません。それほどではなくても、極く初歩の知識が身についていない子どもは多勢います。できないからダメな子どもなのではない。どんなに初歩の知識でも、教師が親身になってわかるように教えてやることができるようになった時、子どもはニコリとして、表情豊かな子どもになります。

人間として、身も心も豊かな子どもを育てる……。教育というものをそのようにとらえた時、教科の授業で、たとい初歩的な次元の低いことがらを扱う時も、その本質を理解する高い次元の知識や認識が教師のほうになければならないでしょう。そうでなければ子どもに「わかる」ように教えることなどできないのにちがいありません。

これは何も算数ができない子どもには算数を教えさえすればいいということではありません。算数のできない子どもは国語や理科、あるいは美術など、他の教科ではどうなのか、それもまったくできないのかというと、そうではありません。どの教科からでも、その子どもの持つ力を引き出す何かがあれば、そこから切りこむこともできるでしょう。そういうふうにも考えられます。一つの教科ができるようになると、その力が他の教科でもいもづる式にわかる力をひきだすきっかけになる、といったのは斎藤喜博ですが、私もそう思います。私がはじめに（なぜ算数だけでもなのか……。）といったのはそのこととかかわりがあります。算数ができなければその教科に力をそそぐことは勿論ですが、それと同時に他の教科でもわからせる努力をすることが教師にとって必要でしょう。事実その子は国語など、読むことにはなかなかの力を持っているのでした。

算数もふくめて、私は教科指導というものをそのようにとらえています。異見があるかどうか……。

（一九八四年二月一日）

⑦誤植――正誤表に代えて――

この拙い文章の連載もいつのまにか七回目を数えました。今まで書いたものの整理かたがた一回目からのプリントを読み返していた時、四回目の「生活の灯」の所にきて、つぎのような文章にぶつかりました。

私はその会に出席するために、二十数年前にガンバリ刷りで出した文集を一冊用意しました。

（傍点堀沢）

この四回目のサークル紙のプリントは昨年の十二月に出されて、それ以来私も何度か読み返していた筈でした。でもその時はまったく気づきませんでした。

毎回出されている国語サークル紙のプリントは中島三枝さんの手になるもので、刻字もきれいで誤字や脱字もほとんどないものでした。中島さんは人も知る作文教師で、教師になって以来二十数年間、子どもの作文をガリに切っては文集を出しつづけてきています。刻字もきれいで、子どもの作品を正確に写しとったその文集には、子どもの作品をことのほか大事にする教師の心が見えて楽しい文集でした。私の手許にいただいたその文集は、厚さだけにしても数尺に及んでいます。

ですから中島さんは、国語サークル紙でも私のほとんどなぐり書きのような原稿も、その都度間違いのない綺麗な文字でプリントに写しとってくれていたのでした。

今度そのプリントを読み返して、その誤りに気づいた時、私の胸に思わず笑いがこみ上げました。笑いといっても、それは決して卑俗な意味での笑いではありません。その誤りの中味が中島さんや私たち作文教師の生活をそのまま反映しているようにも思えて楽しいのでした。「ガンバリ刷り」……ほんとにそうなのだ。文集づくりはある意味で「ガンバリ刷り」に違いないのだ。……おそらく中島さん自身も気づかなかったであろうこのミスプリント……私の脳裏に自分自身夢中になってガリを切りつづけた三十数年間の教師生活がありありと浮かびました。夜、子どもの書いた作文を家に持ちかえっては、それをガリに起こした毎日の生活。それは今思うと苦行に近いものであったとはいえ、ある意味で楽しい仕事でした。子どもの書いた文章を一字一字たどりながら、それをガリに刻む中で、私は山村の子どもたちの生活の息づかいに触れる思いをしたものでした。そこから子どもたちに作文を書かせることの「教育」の意味を知らされたようにも思ったのでした。後年ガリバンがファックスやコピーなどというものにとってかわった頃になっても、私のガリ切りはつづきました。それが教師としての勉強の一つだという気がしたからでした。

「二十数年前にガンバリ刷りで出した文集……」ほんとにそうなのでした。ガリバン刷り――ガンバリ刷り。何気なく書いた間違いにしてはまことに当を得ていて、そうだ、それに違いない、という思いに腹の底からうなずきながら笑いがこみ上げてきたのでした。

志賀直哉の『清兵衛と瓢箪』の中にこんな一節があります。

全く清兵衛の凝りやうは烈しかった。或日彼は矢張瓢簞の事を考へ〳〵浜通りを歩いていると、不図、眼に入った物がある。彼ははッとした。それは路端に浜を背にしてズラリと並んだ屋台店の一つから飛び出して来た爺さんの禿頭であった。清兵衛はそれを瓢簞だと思ったのである。『立派な瓢ぢゃ』かう思ひながら彼は暫く気がつかずにゐた。——気がついて、流石に自分で驚いた。その爺さんはいい色をした禿頭を振り立てて彼方の横町へ入って行った。清兵衛は急に可笑しくなって一人大きな声を出して笑った。堪らなくなって笑ひながら彼は半町程馳けた。それでも笑ひは止まらなかった。

たのしい笑いでした。「さりげないユーモア」プリントの小さな誤植からそんなことばも頭に浮んで、楽しいのでした。

（一九八四年二月）

誤植——正誤表に代えて——を読んで

正誤表といえば四角にかこまれた味気ないものなのにこんなに豊かな楽しい正誤表をかいていただいてほんとに感激しています。群作大会の始まる前にこの文を渡され、一読して、おかしくておかしくてこみあげてくる笑いをおさえるのに苦労しました。でもどうしても信じられず家に帰って「生活の灯」をとり出してみました。何回みても「ガンバリ」にかわりありません、「ガンバリ刷り」——全く気づかずに書いたこの誤字が、この一文のおかげですっかり気に入ってしまいました。「清兵衛と瓢箪」に結びつけて書いたのも堀沢先生らしいと思い楽しく読みました。子どもの誤字からも、子どもの生活のうらまでも見通す読みができたら誤字も又楽しいものになるだろうと思い、誤字に対する見方がかわっていくように思われました。

（中島）

⑧緊張と集中

先日（三月）の萬葉読書会（沼田）で大津皇子の死に臨んでの歌を読みました。すでに広く知られた歌で、萬葉集中でも最も心にのこる歌の一つでした。

大津皇子、被死（みまか）らしめらゆる時、磐余（いわれ）の池の陂（つつみ）にして涕（なみだ）を流して作りまし御歌一首

百（もも）づたふ磐余の池に鳴く鴨を今日のみ見てや雲隠（がく）りなむ

この歌の中には、一読して心にしみとおる悲哀のリズムが流れています。これを繰り返して読めば、その切実さの度合はなお一層ふかくつたわってきます。「今日のみ見てや」の「や」は詠歎の助辞ですが、この助辞に限りなくふかい悲哀がこもって、そこに少しもめめしい感傷のひびきの感じられないのがふしぎです。死にのぞんでそうした主観句に感傷でなく、ふかい悲哀のこもるのはなぜなのか。一つには「磐余の池に鳴く鴨を」という写象の中に、作者の澄んだ目を思いみることができるからでしょう。作者の悲哀のこころは眼前の鴨の生活の中に託されて、この上なく豊かな形象として活写されているからだとも言えるでしょう。そこに作者の心の緊張があります。

自分の心の中にある思いを自然や事物に託そうとして、その客観的事物や事象にまむかう時、そこに人と自然や事物、あるいは人と生活現実との間に緊張と集中が生まれます。短歌に限らず、このことは散文についても同じことが言えるでしょう。その緊張と集中とがリズムとなって文章の中からつたわってくるのだとも言えます。

子どもたちに綴方（作文）で文章を書かせるにあたっても、そこに緊張と集中が生まれるようにしなければならないでしょう。単なる模倣的なことばを使って安易に書きあげる文章からは緊張したリズムは生まれてはきません。日々変動する自分の生活の事実をありのままに書こうとする時、その生活の事実をまっすぐに直視し、外界の事象に自分から働きかけようとする意志が生まれます。

私たちは子どもに綴方（作文）を書かせる時、生活の事実をありのままにくわしく書くように、とよびかけるのが常でした。一つには綴方を書くという勉強が安易な模倣による文章練習におちいることを避けたかったからでもあったのでしたが、ただそれだけではありません。自分の生活の事実を感動をもってとらえ、その事実をありのままに書こうとするのには、繰り返し言うように、そこにある種の緊張と集中とがなければなりません。その緊張と集中心とが自分の体内をくぐりぬけたことばをよび起こし、だれのまねでもない、自分の文体をつくり上げていきます。そこには安易な模倣などの入りこむ余地はありません。「文は人なり」というのは、文章を書くことによって人間が鍛えられていくということと同義だといっていいでしょう。文章を書くことによって生まれる緊張と集中……。子どもたちに綴方（作文）を書かせることが「教育」として成立つ意味はそこにあるといってもいいかと思います。

（一九八四年三月二三日）

万葉集でうたわれているクロモジ

⑨健康な生活のリズム

ガラス戸の外に据ゑたる鳥篭のブリキの屋根に月映る見ゆ
夜の床に寝ながら見ゆるガラス戸の外あきらかに月ふけわたる
小庇(ひさし)にかくれて月の見えざるを一目を見んとゐざれど見えず
ほととぎす鳴くに首あげガラス戸の外面(そとも)を見ればよき月夜なり

（明治三十三年作）


正岡子規の晩年の歌からぬいてみました。

私自身は歌は作らないのですが、折にふれて正岡子規や長塚節、島木赤彦、斎藤茂吉の歌などを読むのが好きでした。

ここにぬいた子規の歌は明治三十三年の作とあります。子規が亡くなったのはその二年後の明治三十五年秋でした。子規は死に臨んで

痰一斗へちまの水もまにあわず

という句を残しています。いわゆる辞世の句です。死にのぞんでなお自分を客観したこの句は、のびやかなリズムをつたえているだけに、ことさらふかい悲哀のこころを読む者につたえてきます。

正岡子規の年譜には「明治二十一年、二十一歳。鎌倉で吐血。」とあり、以後数回喀血していま す。「子規」というのはホトトギスのことで、血を吐くように鋭い鳴き声を立てる鳥だといわれています。子規の号のいわれもそこからきているのでしょう。号のつけかたにもいかにも子規らしい明るさを感じます。明治二十九年（二十九歳）には「三月、腰痛はリュウマチでないと診断される。四月、辛うじて立ち、車で上野の桜を見る。」とあります。「リュウマチでない」というのは、もうその頃不治の病となった脊髄カリエスに冒されていたということでしょうか。そして死の前年（明治三十四年、三十四歳）には「十一月六日ロンドンの漱石に『生キテヰルノが苦シイ』と言い送る。」とあります。子規はその翌年の明治三十五年の三十五歳の若さでこの世を去りました。三十五歳――。芥川龍之介、モーツアルト、ワグネルも亡くなったのは奇しくも子規と同じ三十五歳でした。若くしてあれだけの仕事をしたこれらの人々に、或る畏れに似た思いがわいてきます。子規の『病牀六尺』の冒頭には「病牀六尺、これが我世界である。しかも此六尺の病床が余には広過ぎるのである。僅かに手を延ばして畳に触れる事はあるが、蒲団の外へまで足を伸ばして体をくつろぐ事も出来ない。甚しい時は極端の苦痛に苦しめられて五分も一寸も体の動けない事がある。苦痛、煩悶、号泣、麻痺剤、僅かに一条の活路を死路の内に求めて少しの安楽を貪る果敢なさ……」云々とありますから、その闘病生活がどれほど苦痛にみちたものであったかを知ることができます。

ここにぬいた歌は、いってみれば子規が病床にあって立居振舞もできずに「苦痛、煩悶、号泣」

しながら、闘病生活を送っていた時に作られたものであるでしょうか。歌は何の苦澁もとどめず平明で、淡々と自分の生活を叙したものであるかのように見えながら、その実、心にしみとおるような沈痛なリズムがつたわってきます。「ほととぎす鳴くに首あげ」といい、「ゐざれど見えず」といい、何気ない動作のうちに、その折ふしの子規の病床での生活がありありと浮んできます。何気ないだけに、より痛ましい思いが胸につきささってきます。苦痛きわまりない病床生活にあって、これほどこだわりなく、さわやかに自己の生活をうたった例を私は他に知りません。そこに子規の精神の緊張を感じ、読んでいて涙ぐましいほどの感動を覚えるのです。

　私は子規の歌から、生活をうたうということのほんとうの意味を知らされたように思いました。どんなに苦しい生活も、安易な感傷におぼれることなくまっすぐに見るところから、明るい健康な精神が生まれます。

　　紅の二尺伸びたる薔薇の芽の針やはらかに春雨の降る
　　佐保神の別れかなしも来ん春にふたたび逢はん吾ならなくに

　これらの歌は子規の晩年の最も伸びやかで健康なリズムをつたえる歌で、そこに子規の生活があり、おそらく子規の絶唱とも言える歌のように私には思われます。

　私が生活綴方に心を寄せるようになったのはほかでもありません。もともと生活的である子どもたちに、生活の事実をまっすぐに見、とらえさせることで、子どもの本来的に持つ明るく健康な心をひらかせたいと思ったからでした。明るい健康な心はやがて本当の学問や芸術に目をひらかされる力ともなり得るものにちがいないからなのです。

（一九八四年四月十四日）

⑩ 詩人の眼
――『木村次郎エッセイ集（言葉の行為）』――

この六月に刊行が予定されている『木村次郎エッセイ集（言葉の行為）』の校正刷が届いてその校正の仕事にまる三日程かかりました、木村さんがこれまでに『文化労働』や宮城県教組の『教育文化』をはじめ、地方誌に主に書かれた文章を蒐めてコピーしたものを底本としての校正の仕事でした。

木村さんの書かれた文章を一字一句たどりながら読み返す仕事を進めるなかで、日頃サークルや教研で木村さんから学ぶことの多かった思いが、あらためて新鮮によみがえるのをおぼえました。

木村さんのこの本は全篇が警句にみちあふれた書でした。（警句といっても通俗的な意味の警句ではありません。辞書には「警句」の意味を「奇抜な感想」のほかに「また、道徳上、芸術上の真理を簡潔な中に鋭く表現した語句。」＜『広辞苑』＞と書かれています。私のいう「警句」は後者の意味の警句です。）警句は生き生きとしてわかりやすく、私の胸にしみとおるように落ちました。警句とは決して奇抜さのみにささえられるものではありません。「総学習、総抵抗と聞いた時、私はアラゴンの詩を思いうかべた。第二次大戦中、反ナチ闘争の中で生れた『フランスの起床ラッパ』の中の『ストラスブール大学の歌』の一節。

教えるとは希望を語ること
学ぶとは誠実を胸にきざむこと
彼らはなおも苦難のなかで
その大学をふたたび開いた
フランスのまんなかクレルモンに

（大島博光訳）

にはじまる「団結とはなにか、自主性とはなにか」（『文化労働』）という文章は一九六八年に書かれています。

十数年前のその時、木村さんからはじめてこの詩を教えられて『アラゴン詩集』を買い求めたあの時の感動が、今もあざやかによみがえってきます。「教えるとは希望を語ること／学ぶとは誠実を胸にきざむこと」の詩句は今は人口に膾炙（かいしゃ）して、いつでもどこでも人々の口の端にのぼってきます。「教える」とか「学ぶ」ということが持たねばならないやさしさがリズムとなって人々の胸をゆすぶるからでしょうか。

木村さんが「教育」を語る時、教育をうわべからだけ見るのでなしに、常に質的な内容にふれる発言が一貫しています。木村さんのそれは木村さん自身の社会科学的発展の認識にささえられて、きわめて具体的に教育のありかたを私たちにさししめしてくれています。

「教師が教養をたかめ、現実認識をふかめずとも、ことすむことではない。人間の心をあらゆる処からゆがめようとしてくる支配階級の傲慢なやり方に対して、激しい怒りを五体にひそめ、3×3＝を教えることと『消費ブーム』に乗ったまぬけ顔で3×3＝を教えることとでは決定的な違いが生れる。教育というものは教科そのものを正しく授業することと、その教科を授業している間に、人間教師の中からしたたりおちてくるエッセンスが、子どもに泌みてゆく計り知れない教化があるということを、自覚してほしい。」

木村さん自身は詩人ですが、「教育の真のたたかいは授業の中にこそある」という具体的な指摘の底に、すぐれた詩人の眼を感じます。

「子どもの胸に名札をつけている奇妙な有様を先生たちはどのように感じているのだろうか。交通事故にあったとき、子どもの名前がわかるからいい、という校長。あるいは非行をふせぐのに必要という理由で、放牧の馬や羊の標識の如く名札をつけさせる。朝礼のとき名札をつけていない子どもには羊飼いよろしく、週番や日直の子どもにチェックさせる。いや羊飼いの方がはるかに人間的のようだ。名札をつけさせることは子どもを『群』扱いすることで、子どもの人格をみとめないどころか、差別の意志表白以外にない。チェックするなどまさに勤評であろう。私も軍隊でハガキ一枚の等価値としての初年兵の胸に名札をつけられた。」

又

「名札ばかりではない。廊下に角力の番付よろしく子どもの成績表を貼りだす。今の子どもは競争心をあおらんと勉強しません、という言葉をいつか、どこかの学校で組合活動家の先生からきいた。また教室には歴史年表、今月の努力標語、子どもの絵、習字等々、壁といわず柱といわず貼りめぐらし、廊下に面した窓を板でふさぎ、そこにも貼りだす。あますところは天井だけ、その天井にも貼りかねない。日本の学校はお祭りさわぎだ。

絵をはるならほんものを貼ることだ。鉄斎でもゴッホでも原画を。すぐれた専門家のものをかかげるべきだ。それができねば何んにも貼らないことが教育にはいい。古い木造校舎なら壁板の木目が美しい。」

子どもに名札をつけさせることの可否は、古くして新しい問題としていまだに職場にくすぶりつづけています。子どもに名札をつけさせることがなぜいけないか。表面的には些細なことのように見えるこれらの事柄も、民主教育の根幹にふれて、具体的な指摘がなされていて、ハッとさせられます。こうした指摘の中にも、私はすぐれた詩人としての木村さんの感覚をまざまざと見る思いがします。

木村さんが折にふれて書かれた文章と「教育」「文化」「社会」というふうに構成して編集されたこの本の「教育」の最後、「授業の創造」として収められたものに「詩の鑑賞」があります。

三好達治、大江満雄、島田利夫、宮沢賢治、島崎藤村。小熊秀雄、与謝蕪村、R・M・リルケと、はばひろいすぐれた詩作品の解説にも、しみとおる豊かさがあふれています。教師が授業者として身につけなければならない具体的でふかい理解がそこにあります。単に国語の教師のみには限りません。

いつだったか、木村さんから蕪村の「愁ひつつ岡にのぼれば花いばら」の句を知らされて、ハッとしたことがあります。

蕪村といえば「五月雨や大河を前に家二軒」とか「春雨やもの語りゆく蓑と笠」というほどの作品しか知らなかった私でした。「愁ひつつ」の句にしみとおる近代を感じて、古典のもつ新しさにハッとした思いをその時持ったのを、今もおぼえています。そこに詩人としての木村さんの本質を見たような思いも持ちました。

木村さんの本の校正の仕事をさせていただいたことは私にとって望外の幸せでした。木村さんの本の刊行を心待ちにしているのは、ひとり私だけではないに違いありません。

（一九八四年五月二四日）

⑪児童詩のリズム〈なぜ子どもに詩を書かせるのか〉

去る二月二十六日に行われた群馬作文の会大会の「作品検討」に和田明さん（利根西小、現在は沼田北小）が出された子どもの詩は、その五編とも素朴な文体で書かれた生活の詩でした。その中の一つ「かたたたき」という作品をめぐって、ある人から次のような指摘がありました。

「これは詩を書くようにといって子どもに書かせたものなのだろうが、しかしこれでは詩になっていない。単なる散文と少しも変りがない。この作品のように時間の順序にしたがって物事を書いていくのは散文であって、詩ではない。詩には飛躍があったり、切り取りがなければならない。そこに詩的表現のリズムが生まれるのだ。」云々。

このような指摘をうけた「かたたたき」という子どもの詩はつぎのようなものでした。

かたたたき　　小6　今井久

お母さんが「かたをたたいて」とこわげにいった。
だから私はお母さんの方にいった。
たたきはじめた。
少したつと「うまいうまい」と、目をつぶり気持ちよさげに言った。
（本当にかたがいたかったんだな。）

手が、やめてきた。
今度はひじでかたをたたいた。
「この方がきく」と、また気持ちよさそうに言った。
また手がやめた。
少し休んだ。
今度はもんであげた。
ちょっとすると「もういいよ」とやさしく言った。
「うん。」
「ありがとう。」と、やさしく言った。

私は「これは詩ではなく散文にすぎない」という指摘を聞きながら、何か途まどいを感じました。なるほどこれは詩ではないといわれれば、それはそのとおりなのかも知れない。その指摘がいうように、ただ行分けをして文をつらねただけで、そこには詩のリズムがなく、散文と少しも変りがないではないかといわれれば、それもそのとおりなのかも知れないという気がする。……しかし……

私たちが生活綴方の仕事として子どもたちに作文や詩を書かせるには、その営みを通じて子どもたちの生活の力を高めたいからにほかなりません。生活の力は詩や散文の内容そのものであるといってもいいでしょう。

「詩には飛躍があり、切りとりがなければならない」「そうでなければ詩のリズムは生まれない」というのでは一般論としては通じても、実際の作品を前にしての指摘としては形式的に過ぎて、子どもたちに詩を書かせるための手がかりは少しも浮かんでこないのです。

私はこの「かたたたき」の詩を読みながら、十数年前に書かれた中学生の同じような題材の「父の肩」という詩を思い出していました。

父の肩　中2　吉野かよ子

夜、わたしは母とかわって
父の肩をもんだ
できるだけていねいに
もんでやった
ごつごつした
骨ばかりの
父の肩であった
今までの苦労がこのからだにはっきりと
表われているようだった
わたしの手はいつしかしびれて
痛かった

わたしは胸がいっぱいで
何も言えなかった

和田さんから出された「かたたたき」の詩の中の「かたをたたきはじめた」「今度はひじでかたをたたいた」「今度はもんであげた」というのは単なる肩たたきの順序ではありません。肩たたきの母親の肩の凝りの固さ、それからくる肩たたきの手の疲れが自然とそうした動作となってあらわれてくるのでしょう。ただしかし、この作品では肩たたきからくるそうした実感がえがかれていないということが言えると思うのです。母親の肩をたたきながら、自分の手につたわってくる感触、その固さ……それを実感としてうけとめることによって、母親の生活をみつめるあたたかい目が生まれます。その実感が具体的に書かれたとき、それが内容となって一つ一つの文とひびきあい、詩としての形式の中でのリズムが生まれます。詩のリズムというものをそのようにうけとめれば、詩のリズムもまた生活のリズムであり、生活のリズムこそが子どもの詩の内容でもあるといえるでしょう。この「かたたたき」の詩にはそれがない。だから作品として物足りないというのならわかるのですが……。

子どもたちに詩や作文を書かせる時、具体的な内容にふれてその足りない所を指摘してやることで、子どもたちはしだいに生活ということの意味に気づいていくのではないでしょうか。

この「かたたたき」の詩の場合、子どもたちに詩を書かせることの意味にふれて、そんなことを私は考えもし、発言もしたのでした。

ミツマタ

（一九八四年五月）

⑫しみとおる教育のこころ
――近藤益雄詩集『この子をひざに』（あゆみ出版）を読む――

近藤益雄詩集『この子をひざに』を読みました。日中の照り返しもおさまった静かな夏の夜でした。

詩集をひもといて一つの詩をスラスラと読んだ時、そのしみとおるリズムに心が揺れました。表題の詩でした。

　　この子をひざに
この子を、ひざにのせると
わたしの　まごが
この子を　おろせという
この子は　すなおに
ひざから　おりて
ストーブの火にあたる
そのたき木のもえて

はじける音の
雪ふりやまぬ夜である

心の揺れはいつまでも残る余韻となりました。その余韻にしばし心を置いては、ゆっくりと次の詩に移る……、そんな読み方をしました。息子さんの原理さんが書かれた「あとがき」も入れて一〇一頁の小さな冊子を、まるで部厚い書物を読みとおすほどの時間をかけて——。

読み終った後も心にしみる余韻はなおつづいて、そこにしみわたる「教育」の心を感じました。一冊の書物の内容の重さは、活字の量やページ数の多寡によるものではないのでした。「人間のいのちは地球よりも重い。」そんなことばがふと脳裏に浮びました。

わたしのめを　さして
わたしのめを　さして
これなあに　と　とえば
おじちゃん　と　いう
わたしのみみを　つまんで
これなあに　と　とえば
おじちゃん　と　いう

わたしのくちを　おさえて
これなあに　と　とうても
やっぱり　おじちゃん　と　いう

そして
ふと
ちいさな　こえで
おじちゃん　すきよ　と
いった
ああ
わたしは　しあわせ

女学校の校長の職をみずからしりぞいて、精薄児教育に打ちこまれた益雄先生の仕事には、世の中の毀誉褒貶（キヨホーヘン）にかかわる心のきおいは全く無いのでした。限りない子どもへの愛情がひとすじ、まっすぐにつらぬいて、この上なくつつましやかな教師の姿が浮かび上がってきます。内にひめた毅然（きぜん）とした自己の仕事への思いが、やわらかく、やさしいリズムを詩の中に生みだしてもいます。

この子を　しかり

ああ
この子を　しかり
なかせたり

されど
この子は　なきやみて
わが　ぬぎすてし　下駄を
そっと
そろえて　くれたり
ああ
この子は
われを　うらまず
わがために
よきことを
して　くるる

迷い多く、時にいらだつ思いに子どもを見失う時、叱責は子どもの心を傷つけることが多いのに、その叱責にさえ心を傷つけることなく、父親にすがるように心を寄せてくる子どもの真実。遅れた子どもの中にかがやく素直で純真なこころ。「ああわたしはしあわせ」とうたう詩人のことばに私の共感がさまざまな思いとなって、どこまでもひろがっていく……。

詩集を読み終えたあとも私の心は揺れて教育への思いをはてしなく思いめぐらすことができました。

芥川龍之介はかつて「短歌雑感」という小文の中で、「歌や俳句は巧拙の問題以外に、言詮を絶した心の動きを捉へようとすべきものであらうと思ふ」と言いました。「言詮を絶した心の動き」というのは決して誇張されたことばではありません。にじみ出る内容からのリズムです。『この子をひざに』を読み終ったあと、ふかい感動とともに、一冊の詩集をつらぬく、ゆるぎない教育の理論をも私は読みとることができました。教育の理論とは深い感動とともにあるものなのでした。そのことへの思いがまた、確かなものとなって私の胸に残りました。

（一九八四年八月）

⑬さりげなく豊かに
——きびしい仕事（生活）を乗り越えてこそ——

万葉集巻三の人磨の歌に

玉藻刈る敏馬（みぬめ）を過ぎて夏草の野島が崎に舟近づきぬ（二五〇）

というのがあります。一首の歌はもうこれ以上はと思わせるほどに単純化がゆきわたっています。ですから、一見何でもないような、とりたてて深刻な内容を持った歌ではないように思われます。しかし、むかし初めて読んだ時から私はこの歌が好きでした。一首をつらぬくこころよいリズムが自分の体内にふかくはいりこんで、いつでもどこでも、ふいと口をついて出てくる歌でした。こういう歌は一字一句のことばの意味をセンサクしてみても仕方がありません。くりかえし読み、そのリズムの中から浮かびでる形象（実景）をとらえることがだいじなのでしょう。島木赤彦もその著『万葉集の鑑賞及び其批評』の中でこの歌にふれて「どうもいい、矢張り立派な作である。」とだけ書いています。

この歌は心をしずめて読んでいるとふしぎにさわやかで、しかも作者の心の踊りが美事につたわってきます。実景に寄せる思いです。この歌のモチーフは「玉藻刈る」と「夏草の」にあるといえるでしょうか。幾夜も重ねた海路の舟旅の苦しい思いが夏草の生い繁る野島が崎への吸われるような思いとなって、そこにしみじみととおる心の躍動をみることができます。海路の旅の苦しさを乗り越えた明るいリズムです。さわやかなリズムです。

八月のはじめの暑い夏のさなかに、群馬作文の会の人たちや「あしびの会」の人たちと明日香を歩きまわりました。万葉植物園を通って甘樫丘にのぼり、飛鳥寺、石舞台、橘寺、持続天武陵、そして軽の市（今は大軽）の見える丸子古墳に至る明日香路は終日炎天の下でした。道も白々と乾いています。

持統・天武陵に向う頃はさすがに疲れて、それまで軽快だった足どりも重く感じられていました。歩きながら道端にかたまって咲いている潅木の紅い花を見ながら、「あれがむくげだ」と教えられて、ふと芭蕉の句が思い浮びました。

道のべの木槿（むくげ）は馬に食はれけり　　芭蕉

思い浮んで、これまで気づかなかったあることに気づいてハッとしました。疲れはその時消えていました。これも何でもないように見える句でした。はじめて読んだ時から脳裏のどこかに残っていた句でありながら私自身、この句のどこにひかれていたのかわからないままでした。「ただあたりまえの句ではないか。この句のどこがいいのか」そう訊かれても、突差には説明のできない句でした。でも私にとってこの句はいつも心から離れることのない句でした。

炎天下とはいってもわずか数キロほどの里程でした。芭蕉のそれとは勿論比較にもならないのですが、それでも炎天下の徒歩に疲れを感じていたのが、此の句を思い出すことでにわかに目をさまされたように思いました。

この一見何でもないような句にも、その背景に芭蕉の旅の生活があるのにちがいないのでした。道のべのむくげは馬に食はれけり――芭蕉もこの句を詠み得て、旅の疲れからくる生活の迷いがさめたように思ったにちがいない。そんな気がしました。この句は何のテライもないだけに、同じ芭蕉の「くたびれて宿借るころや藤の花」よりもにわかに展けた世界がこにあります。

人麿の歌も芭蕉の句も中学の国話教科書に載っています。授業で果してどのように子どもたちにこれらの歌や句を教えることができるのでしょうか。

ここまで書いてきて、ふと長崎の近藤原理さんを思いました。七月に思いがけず近藤さんの沼田への来訪を得ることができました。「人間（子ども）をおおらかにみつめるゆとりあってこそ、人間（子ども）のほんとうの姿をこまやかにとらえることができる」という近藤さんのことばに、そのことばとはうらはらに「なずな寮」での三十年来の一貫した近藤さんの仕事のきびしさをみる思いがしました。近藤さんの仕事も精薄者を家族同様に取りこんだきびしくもあたたかい生活の苦闘から生まれています。近藤さんの精薄者をみつめ、とらえる話の中にさりげなくただようユーモア。その豊かな話に明るく心をひらかれる自分を感じながら、その豊かさに至る近藤さんのきびしい仕事の道筋を思いました。精薄者を一個の人間として、あるがままに豊かにとらえる、そのきびしい教師としての生活からおのずから生まれるゆとりとその豊かさ……。

近藤さんの精薄者教育の仕事は一見何の苦澁もとどめないほどユーモラスでさえもあります。それはまた前にあげた人麿や芭蕉の作品に通うものがあると言っても言いすぎではないように思われます。そう言えば近藤さんの「なずな療」のいわれも、芭蕉の「よく見ればなずな花咲く垣根かな」に拠るものだと聞いています。

（一九八四年九月）

⑭ 客観

大阪音楽教育の会の十月例会が終わった翌日、そのサークルの人たちと一緒に奈良へ行き、山の辺の道を散策しました。晴れた空にくっきりと三輪山が美しい、絶好の秋日和の日でした。例会での緊張が解けて、サークルの人たちと歩く山の辺の道散策は殊のほか楽しく、心豊かなものとなりました。三輪山をめぐって、にわかに展けた大和平野の眺望が今も網膜にはっきりとうつしだされています。

穴師山、それに

巻向の山辺とよみて行く水の水沫(みなわ)のごとし世の人われは　（巻七　一二六九）

ぬばたまの夜さり来れば巻向の川音高しも嵐かも疾き　（巻七　一一〇一）

の巻向山、そして

あしびきの山河の瀬の響(な)るなべに弓月ヶ嶽に雲立ち渡る　（巻七　一〇八八）

の弓月ヶ嶽、いずれも万葉集中の歌で柿本人麿の作だといわれています。

「あれが弓月ヶ嶽だとしたら、なだらかすぎて人麿の歌のリズムに合わない」

地図を手にその所在を確かめ合いながら、私はいつか歌そのもののリズムに心を寄せていました。人麿の歌のリズムは自然そのものの持つリズムです。それはまさに生活そのもののリズムなのでした。

私はふと斎藤茂吉の「鴨山考」を思い起こしていました。茂吉が「鴨山の岩根し枕けるわれをかも知らにと妹が待ちつつあらむ」（巻二、二二三）の歌を手がかりに、人麿の終焉の地である鴨山の所在をつきとめようとして実地踏査をした時の記録でした。鴨山は岩見国（島根県）にあります。

実地踏査をするのにも茂吉は作品である歌の底に流れるリズムをその根本に据えます。あれかこれかと思いまどいながら幾枚もの実景スケッチを描きとどめ、文献を渉猟した上で、最後に茂吉特有の直感がその極め手となってはたらきます。そこにその所在をつきとめた時の喜びが湧きあがります。近年の古墳調査のように大がかりな計画の上に立っての調査でないだけに、主観的といえば主観的なのですが、しかし私自身はそのするどい直観の中に揺るぎない客観を感じるのです。はじめから客観性をよそおったものよりも、より多く客観性を感じることができるのがふしぎです。

茂吉は鴨山の所在をつきとめた（?）時の喜びを「東京にゐて見馴れない地図の上で想像してゐたのと違い、計らずもこの山を見たとき、私の身に神明の加護があるのではあるまいかとさへ思へた程である」と書き記しています。鴨山の所在はしかしその後も所説まちまちで、いまだに定説はありません。最近では梅原猛氏の潜水夫を使っての調査に基づく海底所在説などが出ているほどで、茂吉の鴨山説も定説とは言えないものになっています。でも、茂吉の鴨山考は考証そのものの綿密さもありますが、それ以上に現象の写象を前にして、作品としての人麿の歌そのものに肉迫しているのが私にはおもしろいのでした。

私の綴方教育にかかわる考えも、言ってみればそういうものであるかも知れません。綴方作品の中に息づく子どもの生活のリズムを教師が具体的に読みとることが基本で、書かせ方とか文章表現上の技術とかはその中で考え合われるべきものなのだろうという気がします。

これまでにも綴方教育についてサークルの中であれこれと議論し合ってきましたが、しかし私の綴方教育論はわかりにくいものなのかも知れません。単なる文章上の技術論でなくて、作品をもとにしてその作品を読みとることを基本にすると、そこに読み手の側の直感なり主観なりがはたらくからだろうと思われます。しかし、そうした直観なり主観を、一概に主観的だとして排するのは性急に過ぎると言えなくもありません。子どもの書いた作品を読みぬく……それこそが客観的な綴方教育の手がかりを得る基本なのですから。

（一九八四年十月）

⑮ 知は力――生活綴方とかかわって――

先日古い文集を整理していたら、こんな作文がありました。私がまだ子どもたちに綴方を書かせはじめの頃、利根村（東中学校）の子どもの作品でした。

母の死をめぐる日記

田辺清（中３）

七月二十七日（水）

今日も朝早く四時に起きた。昨日畑で母がけがをしてから、まだ母に水をのませてないので、ガーゼに水を含ませ、口のまわりをふいてやった。この時は何ともなかったが、みんなで朝食を食おうとしたら、あっちがやめ（病）たとか胸が苦しいとか言いだした。（略）

とても呼吸が早く、ふつうの人が一回呼吸する間に三回もするので、とても苦しそうだ。が、三・四十分ほどすると、「すこしはらくになった」と、声は低いが、こわいながらもこんなことを言った。それからはなんのことはなく夕方までいたが、だんだん苦しくなって来、もうだめだとあきらめているようだった。「みんななかよくくらせ」「よい子になれ」「みんないい人だった」とか、いろいろ言い残すようなことを言った。もうまわりにつきそっている人たちは泣いていた。そこへ医者が来て注射をしてくれた。もうだめだ、と医者も家の人に言ったという。もう今夜でおわるから、水でも何でものましていいと言って、もう医者も見はなした。「清、みずをやれ」と言われてコップを渡されたとき、これが死の水かと思って、なみだが自然に出た。

（略）

七月三十日（土）

今日は母の葬式。朝三時半にきてめしをたいてくれるもの、そのほか近所の人がいろいろ用意をしてくれた。（略）

二時に棺は六尺の人にかつがれて墓場についた。和尚さんがおがむ間にお焼香をすませた。近所の人たちが掘ってくれた穴へ棺を入れた。その時自然になみだが出てとまらなかった。おれは少し土をかけ、家に帰った。茶の間に横になっていると、もう死んだのだから気をおとしてもしょうがない、と言って元気づけられた。四時ごろ、もう一度墓に行ってみると、土がこんもり高く盛られて、その上に石が一つのっかっていた。

持っていった花をさしてやり、線香をあげて家へ帰った。

母が死んでも、ほんとに夢のようでさみしくない。今のうちはみんながいてくれてなんでもないが、この人たちが帰れば家がどんなにさびしくなるのかと考えると、なんとも言えない気持ちだ。母は一生働きづめで死んだ。

八月十日（水）

この十日すぎからは昼もだんだんいそがしくなり、毎日毎日いそがしい。毎朝六時に起きて家の中の掃除。

父もぞうきんがけなどをする。おれは今まではありのままにあそんでばかりいたので、夜、つかれてしかたかない。それに母がいないと、いままでの母の苦労がどれだけだったかがすぐわかる。これから先は、おれたちも苦労の連続だろう。しかし苦労にうち勝たなくてはならない。

八月二十一日（日）

今日は蚕もあがるというので、朝四時に起きた。まだ外はうすぐらかった。三十分ほどかご作りを手つだっていると、ようやく夜が明けてきた。四時にかご作りをはじめて、六時に半分終やし、朝食後九時半までかかった。今年七つになった博子もいっしょうけんめい手つだった。かご作りは立ってばかりいてやるので、足がやめてしょうがないほどだった。

こんなことで、きょう三Bの番にあたっている校庭の作業招集に行けず、クラスのみんなにすまないような気がしてならなかった。母さえいれば蚕があってもいつでも学校に行けるほどおれをあてにしていなかったのに、もうこうなっては、いくらいそがしくなくてもおれのほうから父をかたって、いつも一緒に仕事をしなければならない。これから卒業するまではなるべく学校は休まないようにとは思っているが、家がどうにもならない時はやむをえず休まなければならない。「夏休みの友」もまんぞくにできず、またそのほかの勉強も全然手につかず、ただいそがしさに追われ、一ヵ月もの夏休みを終えてしまった。

八月二十二日（月）

きょうは夏休みも終わり、自転車で学校へ行った。友だちがもう半分以上きていた。ホームルームが終え、第二校時は始業式にあてられていた。朝礼台に校長先生が立って、「夏休み中の校庭作業に参加しなかった者は不孝者だ。」としかった時、おれはむっとして「いそがしいだもの、しょうがねえじゃねえか。」と言ってやろうかとさえ思った。その後、生徒会をやった。生徒会は夏休みの反省会だったが、だれからも、意見が出なかったので、校長先生がまた立ちあがって、さっきの作業のことを取りあげた。議長が意見を求めると、Yが手をあげて「夏休みに作業に来なかった者には、今日の放課後、作業をやってもらった方がよい。」と言った。おれはその時校長先生に朝言われたのと同じようにくやしかった。きようは心の中でむらむらしながら日をすごした。

（一九五五年度「ふとづな」）

私はその頃、学校だけでなく、家庭での子どもの生活が知りたくて、折にふれては子どもたちに綴方を書かせていました。

田辺清のこれは日記ですが、こういう作文を読んで、すいぶんハッとさせられたものでした。学校での子どもの姿をうわべからだけ見ないで、子どもの生活感情にふれながら教育の仕事をすることの大切さを知らされたように思ったからでした。

同じ頃、こういう作文も書かれています。

欠席とどけ

深井知津子

父が炭を焼いた。きょうは母も炭やまへいくので、「知津子、学校やすんでおまえもいくんだよ。」と母に言われた。私は学校まで休んで炭をしょいだしにいきたくはないけれど、しかたがなかった。母は「おとうが一かま焼いたんだ。おとうにもらくをさせたいから、がまんしていってくれ。」と言った。私も父にばっかほねをおらしたくないから、きょうは、学校を休んで、炭をしょいにいくことにした。

山にのぼって、下平という所で母が「しんせきんちへよってお茶でものんでいこう。」といった。よったらおばさんが「知津子、大きくなったなあ。学校は休みか。」と言った。そしたら母が「きょうは炭をしょうので学校やすませただよ。」と言った。おばさんは「女なんか、勉強してもすぐによめにいくだからなあ。」と言った。私はその時「女だって勉強しなけりゃいまはいい所へ就職もできねえだよ。」と言って、お茶ものまないですぐそこを出た。そして炭しょいに父と行った。

炭をしょう所は家から歩いて二時間ぐらいだった。急な山道で、私は山へついたらもうへとへとで、炭なんかとってもしょえないと思ったが、父が家まで遠いから少ししょっていけといったので、私は二俵しょった。かえりは雪の中へ足がずぶりずぶりつっとさって、あるきづらかった。父が「坂が急だし、遠いから二俵はむりだ。」と言ったのだが、私も「中学三年だもの、二俵ぐらい平気だよ。」といって、がまんしてしょってきたのだ。

立沢までおりてきたら、学校がえりの子と何人か行きあった。私ははずかしかったけど、がまんして「きょうは学校やすんだだよう。」といってしょってきた。その時は顔がぼうっとした。学校まで休んで家の炭しょいにいったなんて学校へいって言うのはほんとうにはずかしいけど、家のことだからしかたありません。父は「くたびれたろう。」と言ってくれたけど、父は毎日炭やまへかよっていても、くたびれたなんてひと言も言わない。それなのに私がくたびれたなんて言えなかった。

この作文ねどこの中で書きました。もうねよう。十時半。十二月十九日。

（一九五五年度文集『ふとづな』）

これは作文というよりは、欠席届のつもりで私宛に書いた手紙のようなものでしょうが、文章はおのずから綴方のようなものになっています。こういう作文を読むと、子どもが学校を休むということも、あながち責めてばかりいられない気持ちもしました。

その頃学年末の会議で優等生ばかりでなく、皆勤賞などというものなくしたらどうかということを議論したことがあります。私が提案したのでしたが、保健主任の教師から「賛成」の声があがりました。「病気だったりしたら家で休ませるのがよいので、無理をしてまで学校へ出させるのは保健指導上のぞましくない。」というのが、その賛成の理由でした。

私自身はこの知津子の「欠席とどけ」や、さきの田辺清の「日記」が心の中にあって、「家庭にそういう事情がある時は家の人と一緒に働くのがいいので、そのことで向学心をそこなうことはない。」と主張したのでした。会議の結果は校長からの強い反対があったにもかかわらず、優等賞とともに皆勤賞も出さないということになりました。

教師というものは仕方がないもので、そうなると今度は何によって子どもたちを励ますのか、ということが問題になります。今でもそうですが、子どもを励ますということは、ただ賞状を出したり、賞めことばをかけてやればいいというものではありません。子どもの事実をとらえ、その生活に教師が共感することが子どもたちにとって何よりの励ましになるのに違いありません。教師が子どもの生活感情を正しくとらえ、その共感の上に立って教科の授業がなされる時、授業で得られるさまざまな知識ははじめて子どもたち自身のものとなって、身につくのであろうと思われます。「知は力なり」とか、あるいはソクラテスが言ったという「無知こそ最大の不道徳である」とかいうのはそのことを言うのだろうと私は思います。文学や科学、あるいは芸術でも、教科指導で得られるさまざまな知識が子どもの生活感情をより高めていくことにつながらないでは、ほんとうの生きた知識とは言えないのに違いありません。

生活綴方の持つ意味はそこにあるといってもいいでしょう。


（一九八四年十二月）

⑯自然描写の文章――読み方教育とかかわって――

古い小説などを読み返していると、いい小説（随想などでも）にはたいていすぐれた自然描写の文章があります。読みながらそこへきて、それまで何かとらわれたようになっていた思いがにわかに晴れる、ということがよくあります。

志賀直哉などは特にそうで、赤城の沼を舞台にした『焚火』など、自然描写の文章があざやかで、それが読後感をさわやかなものにしています。

「静かな晩だ。西の空には未だ夕映えの名残りが僅かに残って居た。が、四方の山々はゐもりの背のやうに黒かった」「……ふくろうの声が段々遠くなった。」云々。

そういえば鷗外の『山椒太夫』などでも、安寿があるひそかな決意をひめて、弟をともなって山へ柴を刈りに行く場面でもそうでした。

「水が温み、草が萌える頃になった。」

わずか一行足らずの自然描写の文ですが、なんともいえない豊かな思いが今でも胸のうちによみがえってきます。

芥川龍之介の昨品の書き出しによく書かれる「或曇った冬の日暮である。」などにも、そんな思いをいだきます。それが作品の主題とふかくかかわって、作品を読みすすむうちに、作者のえがく心象風景とかかわり合います。

そこにあざやかな人間の生活の形象がうかんできます。

芥川のこの書き出しは『蜜柑』という作品の書き出しでした。都会の生活に疲れた者の眼にうつしだされた素朴な田舎の小娘の紅い頬と線路にばらまかれた蜜柑のあざやかな黄の色と……。作者が「私の心の上には切ない程はっきりとこの光景が焼きつけられた。そうしてそれから、或得体の知れない朗（ほがらか）な心もちが湧き上って来るのを意識した。」と書くほどに、線路の塵埃の中にばらまかれた蜜柑の色はあざやかで新鮮なのでした。

万葉集にも自然と人間の生活とが一体となったすぐれた歌が数多くあります。

石走る垂水の上の早蕨の萌えいづる春になりにけるかも

とか

あしびきの山川の瀬の鳴るなべに弓月ヶ嶽に雲立ち渡る

などはまさにそれで、自然と人間の生活とのかかわりの息づかいがうつくしく豊かに心をみたしてくれるのを感じます。

小説などでは、作品の中に織りこまれた自然描写の文章は直接作品の主題とはかかわらないように見えながら、実はふかく主題をささえるものなのだということを此頃思うようになりました。

このあいだ私たちの国語サークルで共同で教材研究をした『柿どろぼう』の作品でも、それと似た思いをもちました。あの作品の中にも、事件の進行につれて、主人公の目にうつってまっすぐに立った柿の木の描写の文があります。陽をうけてあかあかと実をならせた柿の木……。子どものための読み物ですから描写の細部は没していても、主人公の目にうつった柿の木の描写の文は、ただとってつけただけの文ではありません。物語の進行の中で起こる主人公の心象風景とふかくかかわり合っています。そうした自然描写の文や文章は物語をつらぬく主題を読みとることもできる文だといってもいいかも知れません。事件の現場から夢中で逃げてきた主人公の目にうつった柿の木……。そこに迷いからさめた主人公の心を見ることができます。

サークルでの教材検討を終えたあと、川田小の沢浦ふみ江さんは国語サークル紙につぎのような文章を寄せています。


「玉原（ダムサイト）にいこうと、もうじき日が沈むというのに車にのりました。日かげになってしまってくらくなりかけた山、まだ、まっさおな空。そこに柿の木がとつぜんあらわれました。かたむいた日をあびて柿の実が輝いていました。ハッとする瞬間、ああ、これだなと思いました。『カキどろぼう』の風景が心の中で重なりました。文学作品てすごいんだなと思いました。私たちの本能が、よびさまされる瞬間さえ、自然に書きあらされている。」

（「利根沼田国語サークルだより」八四年十二月号）

自然と人間の生活、そのかかわりの深さにあらためて気づかされるようになって、また一つ生活とは何かということを深くかえりみることができるようになった自分を感じています。

（一九八四年十二月）

作品――背中にあせが――麦かり――　金子ヨシ子（利東中昭32年）

おれは麦かりをしている。
おれは手が小さいので
二かぶを二回にかる
ギリギリとはをたてて
母ちゃんはきりよく
どんどんかっていく。
おれはのこされるのがくやしくて
どんどんかる気になるがかれない
麦の中には豆が出ている。
「豆をふむな。」といわれると

刈るのがいやになってくる。
立ってはあせをふいても
あせはどんどん流れてくる
背中にシャツがはりついている。
のどがいたい。
水がほしい。
でも早くからなければ
水ものめないのだ。

（指導　堀沢敏雄先生）

去年の秋から「堀沢敏雄指導作品集」（本の名前はまだわかりません）の編集の仕事が進められています。この作品は東中時代の作品の中の一つです。こういうきびしい労働の生活貧しいぎりぎりの生活、その中で精いっぱい人間として生きていく子どもの姿がリアルに出ている胸うたれる作品ばかりです。

（中島）

⑰「おもしろうてやがてかなしき……」

私事で恐縮なのですが、正月二日に娘夫婦が孫を連れて水戸からやって来ました。孫は今年一歳四ヶ月になって、今がいたずら盛りなのでした。片言に「じいちゃん」「ばあちゃん」が言えるようになって、そこらじゅうにあるものを手当り次第に持ち出してきては持って来たりします。見ていてはらはらさせられながら、でも、ふしぎなことに孫とのつきあいには疲れが少しも感じられないばかりか、この上なく楽しいものでした。

二晩泊って、嵐が過ぎ去るようにして帰ったあとほっとして、これでどうやら、われわれの老境もほんものになってきたな、と家内と笑い合いました。でも何か物足りない。娘夫婦が帰ったあと、家内と二人だけ取り残されたような思いが、二人をしばらく沈黙させました。

夜、水戸から無事に帰宅したという電話があって、それにつけくわえて、帰りの車中も帰宅してからも、孫が、「じいちゃん」「ばあちゃん」と呼びながら、そこに私たちがいないのを知って泣き寝入りしてはまた醒めて、「じいちゃん」「ばあちゃん」をくりかえしていたという報告を聞きました。家内はもう涙ぐんでいます。私もしばし撫然とした思いで空をみつめたきりでした。

夜、寝ながら、私はふと芭蕉の

おもしろうてやがてかなしき鵜舟かな

という句を思いだしていました。情景はちがっても、今の自分の思いとぴたりと符合しました。「おもしろうて」――その余韻をひきながら、それにつづく「やがてかなしき」の「やがて」に時の推移が見えて、ゆっくりと心をおそう哀感がつたわってきます。簡潔に俳句の形式を自在に駆使する芭蕉の絶妙な技倆だといっていいでしょうか。

「鵜舟かな」にきて、私はそれまでに気づかなかったことに気づいてハッとしました。この句を思い出した当初、私は「鵜舟」を「鵜飼」とばかり思いこんでいたのでした。物の本にも、これは長良川の鵜飼いの光景を写した句だというふうに記されています。鵜匠の手に操られる鵜が巧みに呑みこんだ鮎がつぎつぎ吐きだされるその生き生きとした情景。しかしこれは鵜飼いの光景を写した句であるのではなく、鵜舟の中の生活を現出した句なのでした。鵜匠の手さばきも鮮やかな鵜飼いが終って、それまであかあか照っていた篝火も消え、しんと静まり返った鵜舟の中の世界。「おもしろうて」はその折の感慨なのでしょう。しかしその鵜飼いも終ったあとのものがなしい思いが「やがて」ゆっくりと心のうちを浸すようにしてしのびよってきます。それはまさに「鵜飼」ではなくて「鵜舟」の中の世界なのでした。「やがてかなしき」――そこに人生を感じて、この句を口ずさみながら、何か厳粛な思いが私の胸にひろがったのでした。

おもしろうてやがてかなしき鵜舟かな

いい句でした。芭蕉の旅は人生の旅であって、決していわれるような隠遁者の旅ではないのでした。

（一九八五年一月）

⑱ 生命感

万葉集巻一と巻二にかけて柿本人麿の作品群がおさめられています。人麿の作品はどれも纏綿たる情感を豊かに内にたたえているものばかりですが、とりわけ私は人麿が国府の役人として赴任した石見国（島根県）から妻と別れて上来する時の長歌と反歌とが好きでした。その華麗な言葉づかい、詩句と詩句との底を流れるひきしまったリズムの中から、華麗な中にひときわ哀切なリズムがつたわってきて、読んでいて、知らず知らずそれらの詩句をそらんじてしまうほどでした。

この長歌（巻二、一三一）の冒頭には国府の役人として居住した石見の海の情景がうたわれています。海の情景がうたわれているといっても、もちろんそれは己が寄り添った妻を美しく粧うための詩句であるのですが、しかしそれは単なる美辞麗句ではなく、その詩句の中に石見の海の豊かな実景がこもっているのでした。

石見の海　角の浦廻を　浦なしと　人こそ見らめ　潟なしと　人こそ見らめ　よしゑやし浦はなくとも　よしゑやし　潟はなくとも　いさな取り　海辺をさして　和多豆の荒磯のうへに　か青なる　玉藻沖つ藻　朝羽振る　風こと寄らめ　夕羽振る　波こそ来寄れ　波の共　か寄りかく寄り……

土屋文明氏は人麿のこの長歌の冒頭の詩句にふれて、
「作中第一に気のつくことは人麿がよく自然を見て居り、その自然に思を寄せることの甚だ自然で且つ自由であることである。石見の海を浦なし潟なしと人の見るのを認めながら、人は其の岩礁に叢生する海藻の海水に揺曳(ようえい)する実際、又そこに引き出される己の内心の高潮する様を逸しなかった、北日本海の海岸は岩礁が多いが、同時に水温の関係もあってか、海藻の繁茂は殊に著しい。私ごときは現在でも中村憲吉未亡人の心づくしによって年々に石見の磯の和布(わかめ)を得て居るが、その数尺に及んでなほしなやかに柔かい和布は、彼の海の海藻群落の状を想見するに十分である。」(『万葉集私注』)――仮名遣い原文のまま――
といっています。人麿の歌の詩句に対する何とも豊かな理解がここにあります。

先日(二月九日)水上で行われた全国保問研集会の夜の講座で、私は万葉集の講座を受け持つ機会を得ました。その時この人麿の長歌もふくめて幾つかの万葉歌を選んで、参会の人たちと一緒に読み合いました。講座を終えて夜、風呂につかっていた時、そこに居合わせた人が、その講座に参加して万葉を読んだことの感動を私につたえてくれました。島根県出身の人でした。人麿の長歌にうたわれた石見の海の豊かな自然の内実にふれて、自分のふるさとを美しく豊かに思いえがくことができたという感動でした。

海はあっても断崖の多いこの地方の自然は険しく、そのため太初の頃から石見国はとなりの出雲国におされて、いわば辺地扱いをされてきた所だといいます。開発の遅れたこの地域の人々の生活は今もなおきびしいものがあって、昔ながらの辺地観をぬぐいさることができていないということでした。しかし、今人麿のこの長歌に接して、その美しい詩句のリズムの中に、ふるさとの生活をいきいきと思いみる気がしたとも言われました。ほんとにそうなのでした。

且て史学の大家津田左右吉博士は山上憶良の作品を論ずる中で人麿の歌にふれて、

「人麿などの、美辞麗句を惜しげもなく並べたてた幾多の挽歌は、之（憶良の「恋男子名古日歌」巻五〉とその反歌「若ければ道ゆき知らじ幣(まひ)は為(せ)む黄泉(したべ)の使負ひて通らせ」……筆者注）と比べると殆ど皆な空言虚辞である」（『文学に現はれたる我が国民思想の研究』）

といいました。もとより津田氏は日本の史学の並びない大家の一人ですから、私などはただ怖れをもって対するばかりですが、しかし、これを読んだ時私は、そんなことはない、とつよく思ったものでした。今またあらためて津田氏に対するその思いをふかく心に刻むことができました。

文学に限らず絵画や音楽などでも、長い歳月をかけて今なお人々に愛惜されるものには、その底にかならず生活があります。ここにいう生活とは作品の中にこもる内実のことであって、自然にせよ、時代の社会的事家にせよ、それにせまるものの切実さ、豊かさがその作品から生活を感じさせてくれるのにちがいありません。人麿をふくめた万葉の歌の数々が千数百年を経た今もなお、私たちに新しい現実感、生命感をつたえてくれるのはそのためであろう、とあらためて思わされています。

（一九八五年二月）

⑲知識を教えることと生き方の指導と

――子ども二態――

私の教職生活最後の三年間は中学校の障害児学級の仕事でした。その二年目の学級人数は三名でしたが、一学期の途中から一日一時間を促進学級に充てていました。その時間には普通学級から来た二年生三人と三年生一人を加えて、七人が算数の勉強をしていました。一日わずか一時間だけの勉強ですが、みんなおくれをとりこどすために一生懸命でした。

その促進学級に途中から二年生のS君が新しく入ってきました。S君はおくれているとはいうものの理解も早く、決してできない子どもではありませんでした。むしろ「こんな子がどうして促進学級に?」と思われるほどよくできました。いろんなことを気軽に話してくれてたいへん明るい子でしたが、ある時こんなことがありました。『わかる算数(4)』で授業を進めてきて、その時、小数の掛け算に入っていました。一〇〇題余りある計算練習を一つ一つみんながだまって真剣に計算しています。時たま掛け算九九を度忘れすることがあって、そのたびに計算がつかえる子どももいますが、でも小数の位取りなどもまちがえずにやれるようになっています。みんなまじめです。

S君はスラスラとできるのか、みんなが十題ほどやっているときに、もう四〇題ほどをやりこなしています。

「センセイ、こんなの、かんたんじゃねん。どんどんできるよ。」事実、S君は早いだけでなく、理解も正確でした。

「センセイ、これ何年生がやる問題ですか。」

「そうだね。『わかる算数』の(4)だから、小学校の四年生くらいかな。」

「へエー。そんなんでも、ここにきてる子はみんなばかだからできないんだよね。」

S君はいかにも得意そうです。S君にそう言われても、みんな返すことばがありません。

「センセイ、この組はテストはやらないんですか。」

「うん。テストなぞ必要ないだろ。それより覚える方が先だ。」

「センセイ。テストやってくださいよ。そうすりゃ、おれ『5』がもらえるもん。おれ『5』がもらいてえなあ。」

そんなことを言いながらも、S君は計算をどんどんやって、みんなが半分もいかないうちに一〇〇題余りのもう終り近くなっています。まだ時間は一〇分ほど残っています。

「センセイ。もういいでしょう。きょうはこのくらいで……つかれちゃった。」

私が何も答えないでいると、また雑談がはじまりました。

「センセイはこの組だけで、ほかのクラスでは授業しないんですか。」

「うん、しないよ。このクラスだけだよ。」

「それじゃ、らくでしょうがないでしょ。こんなやさしいもんべえおしえてるんじゃ。」

「ふーん、そうかな。教わるほうじゃやさしいようでも、教えるとなるとむずかしいぞ。どうしたらわかるように教えることができるかを考えることは、けっしてやさしいことじゃないんだ。」

「でもさ、うちのにいちゃん。高校の先生だけど、高校の勉強のほうがむずかしいですよ。」

「じゃあ、S君は中学の先生なんかより小学校の小さい子を教える先生の方がらくだっていうんだな。」

「そう。だって、小学校の一年生や二年生なら、たし算やひき算、わり算なんか教えればいいんだもん。そんなぐれえ、せわあねえと思うけど……。」

私は少し考えました。S君にこのことをどう教えたらいいか、と思ったからでした。

「だけどなあ、S君。たとえば掛け算で4×0っていうのがあるだろ。4×0はゼロだよな。どうしてゼロになるん？」

「それはさ、ゼロは何にかけたってゼロなんだ。」

「なるほどな。だけど4にゼロをかけると、どうして4がなくなっちゃうんだ。ゼロをかければゼロになるんだといったって、現に4という数字が今まであったんだろ。」

「だって、そういうきまりなんだ。」

「うん。でもさ。小さい子どもはそれじゃ、納得しないだろ。『4にゼロをかけるとどうして4がなくなっちゃうんだ。』って聞かれたら、S君だったら、どうやってそれを説明するんだ。」

S君はそこでゆきづまりました。「だって、おれ、そんなことは習ってねえもん。」というS君は、それでも何かがわかったようでした。饒舌なS君もそこで黙りました。

S君のような考え方をする子どもは、ほかにもたくさんいるでしょう。教育というものは、さまざまな知識や技能を教科で教えながら、同時に人間としての生き方を教えるものでなければならないでしょう。自分はできる、できないやつはばかなのだという、そういう考え方を助長するところに教育はありません。子どもたちには、たしかな知識や技能を身につけさせてやりながら、そこに「わかる喜び」とともに、人間として身につけなければならない大切な資質を持たせてやりたいものだとしみじみ思わされたものでした。

× × ×

その日の午後、学級の三人を連れて外に写生に出かけて学校へ帰ってきた時、音楽室から窓の外で古典音楽が流れてきました。まだ授業中でした。レコード鑑賞の時間だったのでしょうか。教室に音楽は流れていても、実際には子どもたちが四・五人、外を眺めては雑談などをしている姿が見えていました。

その時でした。大ちゃんが「あ、センセイ、おれ、あの音楽知ってるよ。」と話しかけてきました。私にも聞きおぼえのある旋律でした。(バッハのフーガだな。)そう思っている私に「センセイ、あれはバッハの音楽だよ。」と大ちゃんが言います。

「うん、そうだな。バッハだ。」

「『フーガ』っていうんだよ。」

「そうだ。フーガだ。」

「センセイ、バッハ知ってる？」

「知ってるさ。ハイドンの先生だろ。」

「うん、そうそう。ハイドンてさ『おもちゃの交響曲』だよ。」

「そうだ。おもちゃの交響曲だ。」

「センセイ、ベートーベン知ってる？」

「知ってるよ。」

「『第五』。あれ、おもしろい。」

大ちゃんは「第五」のはじめの旋律を口ずさんでいます。なかなかよく知っています。シューベルト、モーツァルトの名前も大ちゃんの口にのぼってきます。（なかなかよく知ってるな）そんなことを思って、また大ちゃんを見直しました。障害児とはいっても大ちゃんは確かな知識を身につけていて、なかなか明るい子どもなのでした。


（一九八五年三月）

⑳新学期、教師の仕事の喜び
——サークルにつどう教師たち——

・ふきのとう

今年、中学校から小学校へ転任した星野正計さんが、六年生に描かせたという絵を持って私の家を訪ねてくれました。転任して未だ新学期もはじまったばかりの、四月中旬の頃でした。

絵は水彩画で、どの子どものものも「ふきのとう」の写生画でした。子どもたちが家から持ってきたふきのとうを一人一人が自分の手にもったり、机の上に置いたりして描いた絵だといいます。絵はどれもていねいに描かれていて、少し開いた花の、その小さな斑点のような花をていねいにとらえて描かれていました。春、日だまりにいちはやく姿をあらわすふきのとうに画材を得て、思い思いに集中して描く子どもの姿がそこにありました。そこに絵を描く喜びがありました。絵には山村の子どもらしい生活感もにじんでいます。見ていて楽しい思いもわきました。

絵を一枚一枚見ながら私は、星野さんから「これから先、この絵をもっと進めるにはどうしたらいいか。」という問いかけをうけました。そういえば、絵は彩色の段階にきて、丹念なエンピツでのデッサンの割には色彩も淡く、平坦な感じでした。彩色というと、全体を一目見た印象だけで色を塗ってしまうからでしょうか。

自然の植物は、葉にしても花にしても、その色彩は皆一様ではありません。同じみどりにしても葉のみどりなど、淡いみどり、黄みどり、薄黄みどり、濃い黄みどり、みどり、うすみどり、ふかみどり、濃みどりなど、それらが光と影によって、さまざまに交錯しています。そこに同じ緑色でも微妙な色彩のちがいが見えています。それらの微妙なちがいを追求することからも自然にまなぶことの喜びは生まれます。物そのものを描く喜びはそこにもあります。

図工や美術の教科書では、色彩の勉強として、同系統の色のちがいをグラフなどのようにして塗らせるといったものがよくあります。しかし、あのようにパターン化したものでは色彩の微妙なニュアンスのちがいをとらえる喜びはわきようもありません。

彫刻家、佐藤忠良氏の本を読んでいたら、

「路傍の石ころを見ながら、そのそばを何万回通っても、ああ石ころだなと思っている人と、一回通っただけなのに、石ころに自分を投影できる眼と心の訓練の違いを、私はいいたいのです。ただ、これはだまっていても、身についてくるものではありません。多くを『自然』に学ばなければ育たない感覚なのです。」（岩波ブックレット『子どもたちが危ない――彫刻家の教育論』）

という文章（談話）がありました。

星野さんは教職経験二十四年のベテラン教師でした。でもその教職経験の大部分は中学校の英語科担任の教師でした。その星野さんが小学校へ転任して、仕事がおもしろくてたまらないといったふうでした。山の中の、もと分校だったのが独立して小学校になった。その学校で担任した六年生のクラスの人数は十二名だということでした。新しい職場を得て、今のびのびと仕事にうちこむことのできる星野さんに、新学期のさわやかな教育の仕事を思いみることができました。

・片言のようなことばでも

「今日の帰りは老神の方へ行きました。歩道橋を渡ってすぐ左へ曲がる正典君と一緒に歩きました。

いろいろな話をしながら歩きました。私がたずねることにいちいち〝うん〟、〝うん〟と返事をしながら、下を向いていっしょうけんめい歩きました。

〝マアちゃんちのお母さん、何してるん？〟

少し考えて

〝テレビ見てる〟

〝そうじしてる？〟

〝うん。〟

〝せんたくもする？〟

〝うん！〟

〝じゃ、赤ちゃんがいるの？〟

〝うん〟

〝赤ちゃん、いくつ？〟

〝一才〟

〝名前は？〟
〝みか。〟
〝そう、みかちゃんていうの。〟
と話していると、とつぜんマアちゃんの口をついて言葉が出てきました。

まさのりくんのお話
みかはね
まてまてっていうとにげるん
うまうまっていうと
おかしをくれるん

いいお話ですね。はっきりしたいい言葉で話しました。マアちゃんこんな遠い道くるの……。感心しました。」

これは『いちょう』という一枚文集（家庭通信）八号に中島三枝さんが書いた記録です。
私たちの国語（作文）サークルの四月例会では、今年小学校一年生を担任した中島さんから、子どもの生きたことばを引き出すことができたという報告がこの記録にもとずいて話されました。小学校一年生、しかもまだ新学期もはじまったばかりですから、この「まさのりくんのお話」も口頭作文なのですが、幼い子どもの幼い口ぶりがそのまま出て、感情豊かなことばとしてとらえられています。

中島さんの報告によると、このまさのりくんは、どちらかというと寡黙な子どもなのでした。教室でも、ひっそりしていて、自分から話しかけることがない子どもだといいます。そのまさのりくんがはじめて心を開いて教師に話したことばをそのまま教師が書きとったのがこの詩だといいます。そこに教師の喜びがありました。片言ながらそれを得て喜ぶ教師のもとで、伸び育っていく子どもの姿が見えています。

この記録の冒頭にも見えているように、この日、下校時間になって、いつものようにひとりで帰っていくまさのりくんが気になって、まさのりくんを家まで送りながら、一緒に山道を歩いた時のことだといいます。教室ではなかなか心を開かないまさのりくんと手をつないだりして歩く道は人家のない寂しい道で思いのほか遠い道のりだったといいます。まさのりくんにも、この寂しく遠い道のりのひとり歩きに耐えて、学校から家へ帰る生活があるのだと知った時、教師からまさのりくんへの働きかけがはじまります。「うん」「うん」という短かい応答のつづく果てに、はじめてまさのりくんの心を開いたことばが引き出されました。それがこの「まさのりくんのお話」なのでした。

記録の中の「うん」ということばも、ただ短かい応答だけのことばではないのでした。「うん」という、ポツリとした応答のことばの積み重ねの中に、教師のやさしさにふれて、しだいに心を開いていくまさのりくんの姿がこもっています。いくつかの「うん」ということばの積み重ねは、やがて「一才」「みか」そして「まさのりくんのお話」を生みだします。その感情の高まりがこの「うん」ということばの積み重ねの中に見えています。ただ短かく、そっけない応答の積み重ねではありません。そこにこの片言のような「まさのりくんのお話」を得て喜ぶ教師のこころがつたわってきます。

（一九八五年四月）

㉑「ありのままに書く」ということ

私たちが作文の会（サークル）をはじめてから、もう二十余年になります。その間、私たちは、子どもたちに「生活の事実をありのままに書きつづらせる」ことを作文教育の基本に据えてきました。「新学期を迎えて」とか「中学生になって」などという課題作文では、それを書くことに苦渋していた子どもたちも、そうした課題作文の枠をとりはらわれて、いきいきと生活的な文章を書きつづるようになりました。観念的な作文から離れて、日常の生活の事実をありのままに書かせるということで、どんな子どもにも文章を書きつづることの喜びを持たせることができたのでした。生活の事実をありのままに書きつづった文章は、たといそれがたどたどしいものではあっても、その中から生きた子どもの姿を見てとることができて、私たちはそこに教育の仕事の喜びを感じたものでした。どんな子どもにも生活がある、だからそれを生きた生活の事実として、ありのままに書きつづらせる――。そこに生活綴方の果たす役割があるのでした。

サークルでは、よく「生活の事実をありのままに書くことがなぜだいじか」ということが問われることがあります。今でもあります。そのことはすでに自明の理であるように見えながら、しかしそれはいまだに充分に解き明かされたとはいえません。そこに作文（綴方）教育の原点があります。途惑ったら常に原点にかえる。そのことの大事さを思う気持ちがいつも私の胸のうちにあります。

先日正岡子規の『俳諧大要』（岩波文庫）を手に入れて、読みながら随所でハッとしたことがありました。子規の文章は説得力に富んでいて、むかし『歌よみに与ふるの書』を本屋の店頭で立読みして、にわかに自分の世界をひろげられたような思いに心を躍らされたのを今もおぼえています。「貫之は下手な歌よみにて『古今集』はくだらぬ集に有之候」にはじまって万葉集の見直しをすすめる子規の文章は闊達で、創見にみちたものでした。

それ以来、幸か不幸か古今集の世界には入らず過ごしてきた経験を今も持ちつづけているのです。古今集の世界は、いってみれば観念の世界なのでした。私自身は短歌も俳句もやらないのですが、子規にうながされて万葉集をひもとくようになった喜びを今に至るまで持ちつづけています。『俳諧大要』を読みながらハッとしたというのは、一例をあげれば次のような文章です。

「一、初学の人俳句を解するに作者の理想を探らんとする者多し。しかれども俳句は理想的の者極めて稀（まれ）に、事物をありのままに詠みたる者最も多し。しかして**趣味はかへって後者に多く存す**。例へば

古池や蛙（かわず）飛びこむ水の音　芭蕉

といふ句を見て、作者の理想は閑寂（かんじゃく）を現はすにあらんか。禅学上悟道の句ならんか、あるいはその他何処にかあらんなどと穿鑿（せんさく）する人あれども、それはただそのままの理想も何もなき句と見るべし。古池に蛙が飛びこんでギャブンと音がしたのを聞きて芭蕉がしかく詠みしものなり。」（傍点堀沢）

又

「一、朝顔につるべ取られてもらひ水　千代

朝顔の蔓（つる）が釣瓶に巻きつきてその蔓を切りちぎるに非（あらざ）れば釣瓶を取るに能はず、それを朝顔に釣瓶を取られたといひたるなり。釣瓶を取られたる故に余所（よそ）へ行きて水をもらひたるといふ意なり。このもらひ水という趣向俗極まりて蛇足（だそく）なり。朝顔に釣瓶を取られたとばかりにてかへって善し。それも取られてとは最も俗なり。ただ朝顔が釣瓶にまとひ付きたるさまをおとなしくものするを可とす。この句は人口に膾炙（かいしゃ）する句なれども俗気多くして俳句とはいふべからず」（圏点、原文のまま）

これは俳句についての子規の見解ですが、ひとり俳句だけにかかわらず。およそ文章で物事を表現するということの基本にふれて明快です。それはまた私たちの考える「ありのままに書く」ことの意味にもふれて、読む者をハッとさせる説得力をもっています。むかしの国語教育などでは「古池や」の句も「つるべ」の句もよく教材に取り上げられて、経験を積んだ教師からきわめて道徳的な（あるいは子規のいう「理想的な」）解釈などを私たちは聞かされたものでした。

子規の創見には「近代」があります。月並宗匠による長年の手垢にまみれた俳句という形式に、まぎれもなく「近代」をふきこんだのは正岡子規でした。前者の例の中の「俳句は理想的の者極めて稀に、事物をありのままに詠みたる者最も多し。しかして趣味はかへって後者に多く存す。」

云々は、どの子どもにも綴方（作文）を書く喜びを得させようとこころざす私たちの共感を呼んで、まさに（これだな）という感をふかくします。

（一九八五年五月）

㉒「子供の病気」

「てくてくと
こどものほうへもどってゆこう」
——八木重吉の詩——

芥川龍之介の小品に「子供の病氣」というのがありました。なんということもない淡々と書かれた作品なのですが、読んだあと、心にはいつも残っているものでした。その中に「多加志はたつた一晩のうちに、すっかり眼が窪んでゐた。今朝妻が抱き起さうとすると、頭を仰向けに垂らしたまま、白い物を吐いたとか云ふことだった。欠伸ばかりしてゐるのもいけないらしかった。自分は急にいぢらしい氣がした。」云々という文章があって、そこに芥川の世に言われる姿とはちがった、やさしい一面を見る思いがしたものでした。

またまた私事になって恐縮なのですが、今年二月の上旬は孫が急な病気にかかったということで、家内と二人で水戸へ行き、そこで数日間をすごしました。孫はちょうど芥川の「子供の病氣」に書かれたのと同じような症状の病気でした。でも私たちが駆けつけた頃には少しその症状もおさまっていました。三日間ほど食べ物もうけつけなかったためか、顎もひとまわり細くなって、頭ばかりが重そうでした。正月に私の家に来た時にあれほどはしゃぎまわっていたのがうそのようでした。でもそのうちに赤児の頬にかすかに紅味がさして、駆けつけた私たちに応えるように、かすかな笑みが浮びました。大人だったらとうに気力をうしなっているかも知れないそんな病気とたたかう子どもの一途な姿をそこに見ました。孫はまだ生後一年と六ヶ月をすぎたばかりでした。芥川のいう「いぢらしい」というのはそのことだと思いました。

翌朝、病気にかかって以来はじめてたくさんのうんこが出たと思うと、にわかにまた元気をとりもどしました。

「出た出た。たくさんうんこが出たねえ。」

おしめをとりかえる娘の口からもはじめて喜びの声があがりました。うつくしいうんこでした。

数日いて、次の仕事にそなえるために、家内を残して私だけとりあえず帰宅しました。帰宅した翌日、水戸から家に電話がかかると、その電話口にはしゃぐ孫の声も聞こえていました。……

「春の夜は」という芥川の箴（しん）言を連ねた作品があって、その中にたった一行、「春の夜の言葉――『やすちゃんが青いうんこをしました。』」というのがありました。うんこもあたたかく美しいものだと知って、そこに生活を感じました。

（一九八五年六月）

㉓ 一行の文の重み

ふぶきの日　林　広志（月夜野一中1年）

きょうは一日じゅうふぶきだった。
ぼくはハウスのストーブに火をもしつけた。
石油を木にぬってマッチをつけたら
ガバッともえた。
ぼくが
「びっくりしたな。」といった。
そしてどんどんもえてきた。
ぼくが
「かあちゃん、このふぶきはこんやいっぱいつづくな。」
といった。
かあちゃんが
「うん……そうだな」といった。
そして夜ごろふぶきがやんで

月がでていた。
けれど風がすこしふいていた。
ぼくは心の中で
（あしたはし〔凍〕みるな）とおもった。

これは広志が中学一年の時の冬（一九八二年）に書いた詩です。広志からこの詩を受けとると私はすぐにガリバンにこの詩を写しとって文集（家庭通信『大きく広く美しく』）に載せました。広志の書いたこの詩にはにじみでる生活感があります。病弱で、何事につけてよわよわしかった広志の身も心も健康になった姿をこの詩の中に見て、うれしい思いでガリに切り写したのでした。三学期はじめの、何かと慌しい時期でした。

文集（家庭通信）に載せたこの詩は、その後サークルの例会などでの作品検討の折に提出して読んでもらったりしました。年刊児童文詩集中『ぐんまの子ども』や『いすと麦わら帽子』などにもこの作品が載っています。

今度『教育文化』紙に「子どもの作品に見る綴方教育の三十年」を書くことになった時、机の中を整理しながら、あの時子どもたちが書いた作文（詩）の原稿の束が出てきたのに何気なく目を留めていました。パラパラとめくるとそこに広志の書いたこの詩の原稿（ワラ半紙）がありました。あの時子どもたちの書いた作品をガリバンに写しとったあと、それらの原稿は筐底（きょうてい）ふかくしまわれたままでした。何気なくそれらの原稿とともに広志の書いたこの詩の原稿を読み返しながら、「かあちゃんが／『うん……そうだな』といった」という所にきて、私はハッとしました。この文章の冒頭に掲げた広志の詩（つまりガリバン刷りの文集に載せた詩）には、今読んでいる広志の書いた原稿の中の「かあちゃんが／『うん……そうだな』といった」につづく「かあちゃんはうどんをこさえていた。」という一行が脱けていたのでした。これはガリ切りをした時の私の大いなるミスでした。この「ふぶきの日」の詩の中に、この一行があるのとないのとでは、この詩の生活感の深浅の度合は全くちがってきます。冬の夜のうどん作りをする親の仕事を手伝いながら母としみじみとした会話を交わす広志のやさしい思い、それが最後の「（あしたはしみるな）」という広志の生活への思いを一層ふかいものにするのであるからなのです。

作品のどの一字一句、一行をもおろそかにしてはならない。これは授業で、たとえば読み方教材を扱うときにも守らなければならない鉄則でした。ましてやそれが子どもの作品であれば尚更のことなのでした。

広志の書いたこの「ふぶきの日」の詩は、ですからその一行を加えて、次のようになります。

　　ふぶきの日　　林　広志

きょうは一日じゅうふぶきだった。
ぼくはハウスのストーブに火をもしつけた。
石油を木にぬってマッチをつけたら
ガバッともえた。

ぼくが
「びっくりしたな」といった。
そしてどんどんもえてきた。
ぼくが
「かあちゃん、このふぶきはこんやいっぱいつづくな」といった。
かあちゃんが
「うん……そうだな」といった。
かあちゃんはうどんをこさえていた。
そして夜ごろふぶきがやんで月がでていた。
けれど風がすこしふいていた。
ぼくは心の中で
（あしたはし〔凍〕みるな）とおもった。

「かあちゃんはうどんをこさえていた。」……しんとした冬の夜の情景とともに母の生活への広志のやさしい眼差しがうかんできます。（あしたはしみるな）というのは自分を含めて母の生活に寄せる広志のあたたかい思いなのでした。

（一九八五年七月）

㉔テストで子どもの学力ははかれない

学校という職場でテスト教育の弊害が叫ばれるようになって久しい時が過ぎています。現実の職場でおこなわれているテスト教育（特に業者テスト）は、今は亡き遠山先生がいわれたように競争原理の上に立つもので、そのことが子どもの生活をゆがめる大きな原因になっていることは誰の目にも明らかです。競争原理はいわゆる優勝劣敗の論理であって、その原理の上にたったテストは、勝者である子どもをも事実の見えない観念的な子どもにしてしまうといえるでしょう。ましてや敗者である子どもの心にゆがみを見ることは必至のことだといえます。

テストは本来教育の仕事の結果として行なわれるべきものであるのにちがいありません。ところが職場をテスト教育に駆り立てている進学準備のためのテストでは、往々にしてまだ教えてもいない問題が提出されるとか、あるいは問題そのものにまちがいがあるとかいうものが少なくありません。

× × ×

七、八年前、私がまだ昭和村の東中学校にいた時のことでした。日曜日に三年生の第一回月例テストがあった翌朝、三年生担当教師たち（四人）の席でその結果が問題になったことがありました。

納得のいかない国語の問題

和南城祥子（中3）

きょうは日曜日だというのに、学校へ行って月例テストを受けた。やってる時はもう必死だった。七〇％ぐらいはできているかな、と思っていた。ところでその日のうちに高橋先生が採点したのを返して、まちがいないかどうか確めさせた。その時、点を見たら、なんとひどい！　半分くらいしかできていない。私は、アア、このクラスで一番ビリだったらどうしよう、なんて思った。私は自分のできないのを心の中で先生のせいに決めつけた。（こんなこと、教えてくれなかったもん……）もう心の中がスッキリしなくて、何か考えるのもいやでたまらなかった。

解答と照らし合わせてみた。私には国語の問題がどうしても納得がいかない。まず第一にこの間も国語の時間にやったようなところだった。「秋立つとは名のみ、残暑きびしく……」は何月か、というものだった。私は「九月」と書いてみごと×をもらった。答は八月だった。八月じゃあ、まだ秋とは言わないんじゃないだろうか。それとももう秋のくる所での話なのだろうか……私はわからない。家に帰って聞いてみた。母は「九月でいいんじゃない。」って言った。

それから句読点の問題で、点を多く打ちすぎた前の番号を書け、というのがあった。これを読むほうにはいろいろなうけとりかたがあると思うのだ。うけとりかたによって文の中の点の位置だって変わってくるのだから、いくら点が多くうってあったって、いちがいにまちがいと決定してしまっていいのだろうか。そりゃあとっぴょうしもないような所へうったのはべつだけれど……私はその問題になんとなく自信があった。でもやっぱり自信過じょうだったのだろうか。

私は自分でまちがったから、負けおしみを言っているのではない。まちがったのはやっぱり私の勉強不足だと思っている。もちろん疑問をもって新しい考えを出すことはたいせつだ。けれど、テストというものはやっぱり一つの観念をもってないといい点はとれないのだ。私はもう、やんなっちゃう。

（四月二十四日の日記から）

私はこの作文を読みながら、ふと気づいたことが一つありました。たしかにこの作文は、テストができなかったことを書いているのだが、そしてそのために自分の勉強不足をなげいているのだが、しかしテストができるとかできないとかいうことよりも、このようにテストの問題そのものの持つ矛盾に具体的に気づき、それを文章に書きあらわすことができるということのほうが、より確かな「学力」というふうに言えるのではないかということでした。そういう意味でこの作文はたいへんしっかりした作文だということができます。

この作文を文集に載せた時、私はこの作品のあとにつぎのような評語を書きました。

「テストの成績がわるいのはたしかに勉強不足ということもあるでしょう。しかしだからといって悲観したり、いらいらしたってはじまらない。月例テストだの模擬テストなどというものは、あくまでも本番のテストではないからだ。テストテストを受けたら、もう一度、その答案を見直して、点数などにこだわらず、もう一ぺんやり直してみればいいのだ。

その点祥子さんのこの作文では問題そのものの矛盾に気がついているのがいい。実は『学力』というものは点数の総計点なのではなく、祥子さんのように問題そのもののもつ矛盾に気がつく力なのだ。よい問題ならだれだって出来るものなのだ。

「秋立つとは名のみ、残暑きびしく……」の問題も辞書を引くと次のように出ている。

『秋立つ〈自四〉秋の季節になる。秋が来る。』（新明解国語辞典）

なお、新潮社の国語辞典には『秋立つ』の頃に『秋立てば紅葉かざせり』の用例も出ている。これで考えれば『秋立つ』は八月ではなくて、どうしたって『九月』だね。『九月』で正解なのだ。『立秋』は『太陽暦の八月八日頃』（広辞苑）だが『立秋』と『秋立つ』」はちがうのだ。ついでに言えば出題されたこの問題の文例も『立秋とは名のみ、残暑きびしく……』のほうがいいのだね、明るい気持ちで勉強にとりくもうよ。」

今年の三年生は例年のような三年生とは違う。よく勉強もするし、行動も素直だ。いわゆる問題児も一人もいない。

毎年のように荒んだ三年生に手を焼いていた教師たちも、今年こそは、という期待を今年の三年生にいだいていたのでした。そのことがこれまでになく職場を明るいものにしていたのでした。

その三年生が今年はじめて受けた月例テストの結果がどうであったか。

「意外だなあ、去年の三年生の第一回のテスト成績とほとんど変わらないなあ。」前年のあの荒れた三年生の成績とくらべて、そこにほとんど差がないほどに、意外に点数が低いというのでした。

私はその時この三年生たちの国語担任でした。私はきのう使ったというテストの国語の問題を念のため見せてもらいました。テストの問題は二枚つづきでしたが、ちょっと見ただけでも、これで子どもの学力がはかれるのかと疑われるほどに、それは次元の低い問題ばかりなのでした。
例えば㈤として、次のような問題が出題されています。

次のA・Bの文に句読点、なかぐろ、かぎ等のくぎり符号を入れて正しく書き直しなさい。

A　卒業式には蛍の光を歌う。

B　NHKの放送を聞く。

正解は、A　卒業式には「蛍の光」を歌う。

B　N・H・Kの放送を聞く。

となっています。

何ともおかしな問題です。「蛍の光」などという歌はもう特別な歌ではありません。卒業式に蛍の光」はつきものだし「蛍の光」といえば卒業式をすぐ思い出すでしょう。それほど「蛍の光」などという名詞は、わざわざカギカッコでくくらなければならないような特別な名詞などというものではありません。ましてや文脈の中に「卒業式には」ということばがあるのです。「卒業式には蛍の光を歌う」このままでいいのですし、そしてそれが正しい文なのにちがいありません。

Bの「N・H・K」になるとなおいけません。「NHK」はもう今日では「Nihon Hōsō Kyōkai」の略号というよりは、民間放送に対する官制的放送としての概念をあらわすふつうの名詞だといっていいでしょう。そういう意味では「NHK」はもうそれだけで普通名詞のように通用しているといっていいでしょう。テレビや雑誌、聴取ラベルなどにも「N・H・K」などという表記は見当りませません、「NHK」と明記されています。そうしたことばになっているものに「なかぐろ」を入れさせること自体、ナンセンスなことだと言えはしないでしょうか。

もう一つ、㈥——線のa・bの品詞名を漢字で書きなさい。」というのがあって、その例文の中に「小さな粒の集り」というのがありました。「小さな」ということばの品詞を問うわけですが（品詞名を問うのに漢字で書きなさいというのも妙な話です。勿論ひらがなで正答にとしても、それは×になるのでしょうから。）正解は「連体詞」ということになっています。子どもたちの中にはこのことばを「形容詞」だとして×をもらっている子がいました。学校文法ではそうなのでしょうが、しかし「小さな」ということばを「形容詞」だとして、どうしてそれがいけないのでしょうか。

月例テストの問題のもつ矛盾はまだまだあります。つぎの作文はその時の三年生の女子の書いたものですが、こういう作文を読むと、テスト主義の勉強というものが子どもの勉強心を逆になくさせる役割を果たしていることがよくわかります。

いつだったか遠山啓先生の本で、テスト主義の弊害を明快に説いているのを読んだことがありました。

今のテストではどんなに努力しても100点以上をとることはできない。100点が最も多く取り得る点数の限度であって、それから少しずつ減点していく減点主義の方法がどんな場合でもとられている。だからテストに出される問題はいかに点数を減らすことができるかという観点から出題される。

そんな意味のことが書かれていました。ほんとにそうなのです。子どもたちはそうした意地の悪い問題のためになやまされ、ついには「自分にはできない」という思いをいやでも募らされることになります。去年まで明るかった子どもが三年生になって急に暗くいらいらした子どもになっていく例年の現実をいったいいつになったらなくせるのかと、職場を退いた今になっても考えさせられています。

（一九八五年八月）

㉕事実によせる子ども、やさしい思い
——大前忍さんの実践報告——

先日、群馬作文の会中毛例会（赤城・滝沢温泉）でひさしぶりにいい報告提案を聞きました。報告者は大前忍さん（藤岡第三小２年担任）でした。

作文指導といっても、大前さんのは文や文章の書かせ方のような、表面的な文章技術を教えるのとは全くその質を異にしています。子どもの生活の事実をみつめる眼をふかめさせる、そこに作文指導の力点が置かれています。それでいて、子どもたちに作文や詩で、何をどう書かせたらよいかということのすじみちが鮮やかにとおっています。作文の文章技術などというものも、適確に生活の事実をみつめる眼を養う中で身につくものだということがありありとわかります。

すずめ　　ひろき（小２）

にわで　あそんでいたら
じゅんちゃんが
「すずめがしんでる」

といった。
見ると　すずめが
ゴミみたいになっていた。
くびが　きれて
ありが　あたまを
はこぼうとしてた。
（以下・作品中の傍点引用者）

かに　けんいち（小2）

きのう　かにが
小さい子がにをたべてた。
はさみでつかんで
はらのところを
むしゃむしゃ　たべてた。
ぼくが
みたとき　もう半分たべてた。
ぼくが
やめさせようとすると

はさみをあげて
おこる。
きのどくだった。

どちらの詩も事実を適確にとらえています。そしてそこに子どもらしい感情がこもっています。「すずめが／ゴミみたいになっていた。」「小さい子がにをたべてた。」はただ何気なしに目で見たままにとらえた事実ではありません。「ゴミみたいになっていた。」は車にひかれてそのまま何時間か放置されていたものなのでしょう。そこに子どもの、或る事実からつきうごかされた思いがこもっています。そうした事実を痛ましい思いでとらえた子どもの姿がありありと見えています。「小さい子がにをたべてた」にもそれがあります。そしてそれがこの詩を書く動機ともなったにちがいありません。そうした動機に触発されて事実をありのままに書きつづる時、その事実の中に次第に高まっていく感情のあらわれが見えてきます。それは生活感情といってもいいものでしょう。生活感情の高まりは、文や文章を子ども自身のことばで適確に書きつづる力を育ててもいきます。

かたつむり　　ゆみ（小2）

げんかんのところの
うえきばちにかたつむりがいた。
かたつむりは

うごいていないように
うごいていた。

「うごいていないように／うごいていた。」にかたつむりの生態が巧まずしてとらえられています。そしてそこにかたつむりの生態をみつめる子どものおどろきがこもっています。短かい詩ですけれども、何気なく書かれた詩というものではありません。かたつむりの生態をみつめる眼に子どもらしい感情の高まりがやさしく見えています。

あき　　こうじ（小2）

ぼくのうちにとりがくる
まいにちとりがくる
うちにある
赤いみをたべにくる

「赤いみをたべにくる」そこに子どもらしく表現された「秋」があります。目に見えず忍びよってくる季節の推移をからだでとらえた「秋」がここにあります。

ザリガニ　　こうき（小2）

サリガニの水をとりかえようとしたとき
にじのようなものがゆかにうつっていた。
その上をみたら
ザリガニの水だった
太ようの光がはんしゃしていた。
色はむらさき、青、みどり、きいろだった。
みずがゆれると
色がゆれた。

「みずがゆれると／色がゆれた」みごとです。

ここまでくれば、とらえられた事実はもう単なる事実でないことははっきりしています。やさしく揺らぐ子どもの感情が詩の高まりとともに豊かに読み手につたわってきます。

× × ×

事実をとらえる豊かな感情の高まりは散文の中にも見えています。

〈日記から〉

八月九日　まさみ（小2）

きょう、おかあさんとおねえちゃんと二人でおつかいに行こうとおもって、ちゅう車じょうのほうへあるいていくとちゅう、みちのところにせみのぬけがらがおちていました。わたしは「あっせみのぬけがらだ。」といいました。おねえちゃんも「ほんとうだ。」といいました。
ひろってよくみると、せなかのところがわれていました。ここからでたんだなと思いました。

「ひろってみるとせなかのところがわれていました。」も単なる事実なのではありません。せみのぬけがらをひろいあげて、せみの生命力をじかにとらえた感動がこもっています。そしてその事実に感動する心のゆらぎがこの作文を書きあげる力ともなっています。一篇の長さは短いものではあっても、その力が文や文章を適確なものにしています。

八月二〇日　ともや（小2）
きょうはおばあちゃんのほうじをするので、おぼうさんがぼくのうちへ来ました。ぼくはおぼうさんのうしろで、おぼうさんのするまねをしたら、お母さんにしかられました。せいざをするのでぼくは足がしびれて、あまりながくはできませんでした。

短い日記ですが、一読して、悪気のない、ほほえましい文章になっています。子どもらしい生活が文章の中にあって、それが文章そのものを飾り気のない素直なものにしています。

八月十一日　　ひろき（小２）

あさから雨がふっていた。それで一日じゅう家の中でまり子とあそんでいた。

夕方になってはれたから、そとであそぼうとしたら、まり子が「あっ　あれ、なあに」ってゆったから、「ん」とそのほうを見たら、にじだった。はっきりした七色できれいだった。

「あれはにじだよ」とおしえてやった。まり子はうれしそうにいつまでもみていた。

生活の事実をありのままに書きつづる文章の中には、やさしく、感情ゆたかな子どもの姿が見えてきます。「あれはにじだよ。」とおしえられてうれしそうに虹に見入る幼い妹の姿の中に、兄としての子どものやさしい心づかいが見えています。

×　×　×

子どもの文章を書きつづる力は、生活の事実をありのままに心豊かにとらえる所から生まれ育っていくという、私たちの日頃の思いがまたあらためてよみがえってきます。大前さんの報告は綴方教育の本質をつらぬいたうれしい報告でした。

（一九八五年九月）

㉖精神の輝きにみちた文章
——『風立ちぬ』を読む——

堀辰雄の『風立ちぬ』を読んだ。美しい音をたてて流れる文章のリズムとその行間にあふれる豊かなイメージに身を置きながら、静かに読んだ。むかし読んだことがあるというのは、私の場合ほんとうに読んだのではなかった。あの時は人に知られず、いちはやく堀辰雄を読んだことを手柄顔にする、そんな浅い読みでしかなかった。数十年ぶりに読んだこの『風立ちぬ』はほとんど初めて読むような新鮮な輝きにみちた文章だった。そしてそれは還暦を過ぎた私の心をしずかにひらいてくれる精神のかがやきにみちた文章でもあった。

読みながら私は何度か吐息をついた。しかしそれはほんの一時的な休息でしかなかった。吸われるように読みつづける中で、また吐息とともに一瞬の休息がきた。二度、三度……読み終った私の脳裏に人麿の『妻死(みまか)りし後、泣血哀慟して作る歌二首』の歌の慟哭が思い浮んだ。そしてまた堀辰雄が賞してやまなかった芥川の『六の宮の姫君』も……

× × ×

堀辰雄の文章は散文とはいえ、それはほとんど詩だった。病床の妻を離れて目で追う高原の自然をうつした文章の中に私はそれを見た。

「どこか北の方の山がしきりに吹雪いてゐるらしい。きのふなどは手に取るやうに見えてゐた浅間山も、けふはすっかり雪雲に掩はれ、その奥でさかんに荒れてゐると見え、この山麓の村までその巻添へを食らって、ときどき日が明るく射しながら、ちらちらと絶えず雪が舞ってゐる。どうかして不意にそんな雪の端が谷の上にかかりでもすると、その谷を隔てて、ずっと南に連った山々のあたりにはくっきりと青空が見えながら、谷全体が翳(かげ)って、ひとしきり猛烈に吹雪く。と思ふと、又ぱあっと日があたってゐる。……。」

雪に閉ざされてゆくサナトリウム。そのガランとした部屋に妻をみとりつづける強靭な精神によってとらえられた自然の風光は、この上なく美しくはっきりした姿で文章に浮び上がっている。

「そのまま夜になった。一人で冷めたい食事をすませてしまふと、私の気持もいくぶん落着いてきた。雪は大した事にならずに止んだやうだが、そのかはり風が出はじめてゐた。火が少しでも衰へて音をしづめると、その隙々に、谷の外側でそんな風が枯木林から音を引き捥(も)いでゐるらしいのが急に近ぢかと聞えて来たりした。」

この作品の冒頭に掲げられた「風立ちぬ　いざ生きめやも」の詩句が思い浮んで、この何気ない文章も、人間の生と死というこの小説の重いテーマにささえられたきびしい文章であるように、私には思われた。

「この頃になって、どうしたのか、私の明りを慕ってくる蛾がまた増え出したやうだ。夜、そんな蛾がどこからともなく飛んで来て、閉め切った窓硝子にはげしくぶつかりその打撃で自ら傷つきながら、なほも生を求めてやまないやうに、死に身になって硝子に孔をあけようと試みてゐる。私がそれをうるさがって、明りを消してベットにはひってしまっても、まだしばらく物狂はしい羽搏をしてゐるが、次第にそれが衰へ、つひに何処かにしがみついたきりになる。そんな翌朝、私はかならずその窓の下に、一枚の朽ちた葉みたいになった蛾の死骸を見つける。

今夜もそんな蛾が一匹、とうとう部屋の中に飛び込んで来て、私の向ってゐる明りのまはりをさっきから物狂はしくくるくると廻ってゐる。やがてばさりと音を立てて私の紙の上に落ちる。そしていつまでもそのまま動かずにゐる。それからまた自分の生きてあることを漸つと思ひ出したやうに、急に飛び立つ。自分でももう何をしてゐるのだか分らずにゐるのだとしか見えない。やがてまた、私の紙の上にばさりと音を立てて落ちる。

私は異様な怖れからその蛾を逐ひのけようともしないで、かへってさも無関心さうに、自分の紙の上でそれが死ぬままにさせて置く。」

そういえば志賀直哉の『城の崎にて』にも、これと似た生き物の描写があった。状況はちがっても、ここに書かれたガラスにすがる蛾の生態がかなしかった。それが死を前にした妻の姿と二重写しになって、ひとことでない姿をこの蛾の中に私は見た。

×　×　×

『風立ちぬ』の初めの部分が雑誌に発表されたのが昭和十一年十二月とあるから、それは日中戦争がはじまる前年のことだ。そして全篇は昭和十三年三月に完結している。世をあげて猛々しく、そして死を讃美していたあの暗い時代に、限りなく透明に生を希求するこの作品の文章は、一部の世評がいうような、なよなよとした手弱女（たわやめ）ぶりの文章などでは決してなかった。それは限りなく美しく、強靱な精神によってつづられた文章であるのにちがいなかった。この作品が書かれた後、日本があの泥沼のような戦争に駆り立てられていったことを思いながら、小説『風立ちぬ』の中に、あの暗い時代の精神の頽廃に立ち向うきびしい精神の輝きを私は見た。

（一九八五年十月）

㉗子どもを教室から明るい外光の下へ
——美術教育にかかわって——

先日、上野でゴッホ展を観ました。それと時を同じくして、池袋で後期印象派展が開かれているのにも心を惹かれました。

ゴッホというと「向日葵」を思いだすのが常ですが、私自身は南仏の明るい外光の下で描かれた「種蒔く人」が好きでした。ゴッホは或る時期、ミレーやドラクロワの絵の模写に集中したといわれていますが、それは単に技法をまねするだけのものではなかったのでしょう。模写による習作を重ねた末に明るい外光の下で描いたこの「種蒔く人」は、或る意味でミレーにはなかったものを生みだしてもいます。

太陽のひかり散りたるわが命たじろがめやも野中に立ちて

これは斎藤茂吉の歌ですが、この歌を読むと、なぜか外光に照らされて、きらめくばかりの美しい色彩がちりばめられた大地を背景にしたゴッホの「種蒔く人」の姿が髣髴として浮かんできます。茂吉の歌の「太陽のひかり散りたり」は「種蒔く人」の明るい大地を思わせて、この茂吉の歌も私にとって忘れがたい歌となっています。

先日の利根支部教研「美術サークル」には、七人の先生たちから子どもの絵が持ちよられて、ひざしぶりに討論がはずみました、和田明さん（沼北小）の指導した六年生の「楽器をふく友だち」は量感のあふれたデッサンと色彩が個性的で、大胆な描きぶりの中に楽器を持つ手などに細心さが見えていました。

星野浩司さん（利根西小）も六年生の担任ですが、明るい外光の下で描いた「お寺の山門」、それに折田一人さん（利根西小）指導の「森の神社」など、長い時間をかけて取組んだ子どもたちの集中した姿が画面に見えて、デッサンも色彩も力感にあふれた作品でした。学級のどの子の作品も、見くらべて甲乙つけがたい作品であることの中にも、教育の力が見えていました。同じ職場の井上登実子さん指導の「牛」（小2）、中島三枝さんが描かせた小1の「かに」も、その伸び伸びした描きぶりがほほえましい楽しい絵でした。

稲垣フミさん（熊の子保育園）から出された保育園児の絵も、これが五歳の子どもの描いたものかと思われるほどにいきいきとして、形象豊かな絵でした。「柿落し」などもそうですが、中でも園の庭を整備するパワーシャベルの絵はほおえましいものでした。明るい外光の下で働くパワーシャベルの姿を追って描いたその色彩も明るくきれいでした。

部会では「デッサンは丹念に描くのだが、彩色に入ると雑になって、せっかくのデッサンを台無しにしてしまう」ことなどが問題として出されました。エンピツの線を消してしまわないようにうすく彩色させるのがいいのか、それとも細い筆を使って、デッサンの時のように色彩で描くといったようにさせればいいのか、色の混ぜ合わせに注意させたらいいのか、等々。

星野正計さん（利根村平川小）から出された六年生の「リンゴの木」の絵は、以前デッサンの段階で見せてもらっていたものに彩色が施されて完成した絵でした。この絵も子どもたちと何日もリンゴ園に通って描かせたという。意欲的な作品でした。たわわにみのったリンゴの枝の無数ともいえる葉の一枚一枚が、リンゴの木の太い幹とともに丹念に描かれています。ふだん気弱で、学習に意欲がないと思われていた子が、「リンゴの木」の題材を与えられて、いきいきと描いたという報告がうれしい絵でした。

ところが、デッサンの段階ではいきいきとしていたこれらの絵も、彩色されて出来上がった絵はデッサンの時の覇気をなくして、妙におとなしい絵になっているのが気になりました。どの絵も色彩が淡く、デッサンの段階で対象を個性的にとらえていたその力も、そこでは影をひそめた恰好になっています。一つには、リンゴの木そのものが白っぽくて、あまり目立たない色だからではないか、そんな疑問もその時出されました。

星野さんの話では、デッサンに多くの時間をかけすぎたために、彩色は家庭学習の課題として仕上げさせたということでした。デッサンの時に対象から受けた印象をもとにして彩色することができるだろうから、というのが家庭学習にまわした理由だったと聞きました。彩色の段階に入って、子どもたちの絵から個性的な色彩をひきだすことができなかったのは、そこに理由があるのでしょう。彩色するにあたっても、実在する対象にまむかって、その対象の本質を体でとらえようとする姿勢が大事なのでしょう。外光にさらされたリンゴの木には、たわわにみのった果実をささえる存在感があります。それはリンゴの木の形にばかりでなく、リンゴの木そのもののもつ色彩にも表われています。うすねずみ色一色の木では決してないにちがいありません。その実在の対象物にまむかって、その本質をリアルに体でとらえるところから、自然の物のもつ豊かな色彩をひきだすことができるのだろうと、その時私は思いました。それができ上がった絵を明るく生活感豊かなものにもしていきます。一枚の絵から生活が感じられるということも、そこから生まれてくるのだともいえる気がします。

ゴッホの絵のあの美しい色彩はゴッホが体でとらえたものなのでしょう。観念の産物では決してありません。ゴッホの絵にはデッサンや色彩の中に生活があります。そんなふうにも言えるかと思います。それが観る者の心をふかく動かす力ともなっているのだと言えます。一枚の絵を描き上げたあと、その子どもの生活がより確かなものとなっていく、そこに美術が教育として果たす役割があるといってもいいかも知れません。

（一九八五年十二月）

㉘正岡子規『俳諧大要』を読んで綴方（作文）教育のありようを考える

正岡子規の『俳諧大要』（岩波文庫）は近頃たのしい書物の一つでした。この「俳諧大要」が書かれたのは明治二十八年ですから、その間すでに一世紀近く（九〇年）を閲しています。古典といえばそうにちがいないのですけれども、でも子規の文章は今も新鮮で、その闊達明快な文章は私自身の持っていた既成の構念をつぎつぎとうち破ってくれました。そこに本を読むことの喜びがありました。

『俳諧大要』を読んだといっても私自身は俳句を作ることを志しているわけではありません。むしろその逆で芭蕉や子規、虚子などの句に心を惹かれることはあっても、作句することは意識的に避けてきました。私の心のどこかに月並宗匠風に作句することを忌避する気持ちがあったからかも知れません。ですから、むかし中学教師だった頃に、教科書に俳句などが教材として載っていても、授業では鑑賞が主で、子どもに作句をすすめるなどということはしませんでした。作句を強いることは二の次、子どもたちには綴方（作文）で文章を書く力を育てたいというのが私の意志でもありました。

そんな私が『俳諧大要』を読んで、一々思いあたるものがあってハッと心を開かれるような思いを持ったのは一例をあげれば次のような所です。

一、俳句をものせんと思はば思ふままをものすべし。巧を求むる莫(なか)れ。他人に恥かしがる莫れ。

第五　修学第一期

冒頭の「俳句」を「綴方(作文)」と置きかえれば、この文章はそのまま子どもたちに綴方(作文)を教える時の基本になるといえるでしょう。文章というものも上手下手ではなく、自分の内心より発することば(つまり自分のことば)で書くことが基本であるのにちがいありません。修辞上の理(ことわり)などは、その後徐々に覚えていくものなのでしょう。

一、俳句をものせんと思ひ立ちしその瞬間に半句にても一句にても、ものし置くべし。初心の者はとかくに思ひつきたる趣向を十七字に綴り得ぬとて思ひ棄つるぞ多き、太(はなは)だ損なり。十七字にならわば十五字・十六字・十八字・十九字乃至(ないし)二十二、三字一向に差支(さしつかえ)なし。またみやびたるしゃれた言葉を知らずとて趣向を棄つるも誤れり。雅語・俗語、漢語、仏語、何にても構はず無理に一首の韻文となし置くべし。

これも子どもたちに綴方（作文）と書かせる時の心得と相通じています。「中学生になって」などという課題を与えて、その場で思いつきの心構えなどを書かせても、いたずらに空疎なことばをもてあそんだような文章しか書けないのが普通だからです。日常の生活の事実に目を向け、それに思いを至す時、行住坐臥、あるいは夜半就寝している時でも、ハッと脳裏に浮ぶ生活の事実があってもふしぎではありません。その時、その思いのさめやらぬうちに短い文章に書きとどめて置くことがあってもいいのでしょう。要は生活の事実、物事に感動する力を育てることが、やがて自分のことばで文章を書きつづる力を育てていくということにほかならないのだといえます。

一、初めより切字、四季の題目、仮名遣（かなづかい）等を質問する人あり。万事を知るは善（よ）けれど知りたりとて俳句を能くし得べきにあらず。文法知らぬ人が上手（じょうず）な歌を作りて人を驚かす事は世に例多し。俳句は殊に言語、文法、切字、仮名遣など一切（いっさい）なき者と心得て可なり。しかし知りたき人は漸次に知り置くべし。

「文法知らぬ人が歌を作りて人を驚かす事は世に例多し」など、綴方教師に思いあたることが多いのです。

せんせい
7がつ30にち　　もぎ のぶよし（小1）

ぼくは　しろうまだけに　のぼってね
ゆきをつかんだよ。
てが　ふゆに　なったよ。

これは都丸暁次さん（群馬作文の会）が受持つ小学校一年生が、ひらがな五十音を習いおぼえた頃に書いたものですが、「てがふゆになったよ」など、まことに感情のとおった、ほおえましい詩になっています。

習いおぼえた文字をつかって、生活の事実を自分のことばで文章に書きつづる。そこに文章を書くことの喜びが生まれます。綴方（作文）なども、はじめから段落や修飾・被修飾・起床転結などを知らなければ書けないなどというものではありません。「万事を知るは善けれど、知りたりとて俳句を能くし得べきにあらず。」というのも「俳句」を「学問」に置きかえれば、今の「詰め込み教育」の弊害を喝破し得て、まことに鋭い指摘となっています.

『俳諧大要』のおもしろさはまだまだあります。この本がいかにおもしろいかは、ほんの一例を挙げただけで、「ここでは詳説することはできません。読み進むほどに随所にそうした文章に出会うおもしろさが、俳諧（句）に無縁な私などにもこの書を最後まで読みとおす力を与えてくれたのでした。この書のもつ今日的な意味もそこにあります。

（一九八五年十二月）

㉙「文体」いうことについて此頃思うこと
——生活綴方にかかわって——

このごろ自分なりに少しずつ文章を書きながら、文体ということについて考えるようになりました。

「文体」ということを考えるようになった私は、つい先頃この国語サークル誌に「『風立ちぬ』を読む」という文章を書きました。そのすぐ後に、アンケートに答えた堀辰雄の文章を読んでハッとしました。

＜アンケート＞
リルケは大戦当時……堀　辰雄

リルケは大戦当時、終始沈黙を守ってゐたやうです。やはりさうするのが一番いいのではないかと考えます。カロッサは『ルーマニア日記』など書いてますが、あれも大戦が終り、それについてあらゆる騒がしい戦争文学が氾濫したあとで、静かに現はれました。本当の文学といふものはさういふ風にしか生まれぬものだと確信いたして居ります。」（昭和十二年『文芸』十月号）

その時ふっと木村次郎さんの「ふるさとの歌」を思いだしたからでした。このアンケートの中の「沈黙」というのは、ただおしだまってしまうということではありません。けばけばしく騒ぎたてるようなことはしないで、「沈思黙考」するということでしょうか。「黙考」の「考」は「行」に通じます。現実をふかく見据えてしずかに深く湧いてくる想念を己がものとする……そんなふうに私はこの「沈黙」ということばをとらえました。もちろんそこには時流に迎合する者への抵抗の姿勢なり行動があります。木村次郎さんの『ふるさとの歌』の「草深く　牛ねむり」「水の底　石うたう」というのも、まさにこれだな、という思いを私は持ったものでした。

私は『風立ちぬ』の中にもそれをみました。そしてそれが私の「『風立ちぬ』を読む」という文章を書く動機ともなりました。その頃から「文体」ということを以前よりももっと強く考えるようにもなりました。

文体ということを考えるようになると、不思議なもので、ある日ある時の新聞や雑誌などに文体ということにふれた文章なり、記事などがあったりすると、自然とそこへ目が行くようになりました。むかし芥川に夢中だった頃、「芥川龍之介論」だとか「芥川の思い出」だとか、およそ「芥川」にかかわる文章や書物があると、芥川の名前にひかれてその断簡零墨にまで目を向けて読んだりしたのと似ていました。志賀直哉も、そして斎藤茂吉もそうでした。

雑誌『世界』に谷川徹三氏の「九十の自叙」という連載がはじまって、その第一回目に「もともと『正法眼蔵』の魅力の一つはその文章の力にある。ぴんと張った清らかできびしい文体の力にある。」という文章がありました。『正法眼蔵』は道元が座禅を勧め、その作法を教えた書だそうですが、私など読んだことのない書物です。でもこの谷川氏の言う「文章の力は文体の力であって、そこに魅力を感じる」ということが私の心に残りました。

昨年十二月七日の毎日新聞は、芥川賞が小説以外の伝記やノンフィクションなどにも、その賞の範囲を拡大したことを報じていました。昔は「芥川賞」というだけで芥川を想う気持ちが湧いたものですが、今は芥川賞も地に落ちて、そんな思いもわかなくなりました。私としては芥川賞は今ではどうでもいいことなのですが、目にとまったというのはその記事ではなくて、その記事の末尾に載っていた安岡章太郎氏の談話でした。

文体なければダメ

——選考委員の一人で作家の安岡章太郎氏の話——

ノンフィクションやエッセーを対象とするというのは結構だと思う。しかし、いまのノンフィクション・ライターに文体のある作家がいますか。大先輩、柳田国男は、たしかに文学でした。しかし、いまのノンフィクション・ライターは、週刊誌のライターと変りないでしょう。こんなものを文学と混同させるのには、僕は反対です。自分の文体のないものは文学じゃありませんよ。「文芸春秋」誌に載っているようなものが文学と思われては困るんだ。小説はダメだといわれていますけど、いまのノンフィクションなどは事実の面白さだけであって、小説よりも劣ると思います。

ここでも「文体とは何か」ということを考えさせられました。「自分の文体のないものは文学ではない」とか「いまのノンフィクションなどは事実の面白さだけであって」ということばに心を惹かれます。

そういえばいつだったか、堀辰雄について書かれた福永武彦という人の文章の中にも

「堀辰雄があれほど芥川龍之介の文学に親炙し、最も近しい弟子として出発しながら、見事に芥川の影響を感じさせない文章を書いたという点に、私たちは敬服したということが出来る。」

というのがありました。この文章には直接「文体」ということばはありませんが、「見事に芥川の影響を感じさせない文章」云々というのは、文体ということであるのにちがいありません。堀辰雄は私の好きな作家の一人です。この時も「文体とは何か」ということに思いあたって、ハッとしたものでした。つまり文章を書くということは個性を育てるということであり、また、個性的な文章、あるいは文体というものは単なるまねごとでできるものではないということに思いあたったからでした。

× × ×

忘れられない綴方作品

私が生活綴方を志したその初めの頃、子どもたちは日常の生活の事実をありのままに書きつづってきました。それらの文章の中には、たどたどしいけれども、子どもたちの感情のにじみでたものが数多くありました。それが子どもたちの豊かな生活感情を育てるみちすじともなっていました。文体というものを思うにつけ、私にとって忘れられない作品は数多くありますが、その中から一つだけここに出させてもらいます。昭和二十五年頃の作品ですから、もう三十五年も前の作品ということになります。

十一月二十七日の記録　　新井修一

きょうは金曜日なので、いつものように放課後、生徒委員会があった。きょうはばかに委員の出席がわるかった。しかし、やっと三分の二あまり出席したので、三時半ごろになって会が進行された。三年生から「ぼくたちは補習でいそがしいから、進学しない人で補習を受けていない人に、委員をかわってもらうか、それとも二年生が中心になってやってもらいたい。」という意見がでたが、二年生からも活発な反対意見がでたために、けっきょく結論をえずに日没のため会を終了した。

四時半すぎに学校をでて家へむかった。あたりはもううす暗い。帰り道は、三年生ふたりとA君とぼくの四人いっしょだった。歩きながらも四人は、きょうの委員会で結論のでなかった問題をとりあげて議論した。三年生は学校で自分の意見がとおらなかったためか、あまり議論に元気がなかった。だが、内心では補習を受けたいらしかった。
ぼくとA君と、かわりばんこにいった。

「補習を受けたい気持ちはわかるけど、委員会より補習のほうがたいせつだとは、ひと口にいえないと思う。むしろ、自分たちの学校生活や社会生活のなやみを解決するのに必要な、委員会のほうがたいせつだと思うよ。」というと、三年生は、「うーん」といったきり何もいわない。しかしまだなっとくがいかないらしく、さかんに、「どうしても補習がだいじだ。」などといっている。

もうあたりはまっ暗になった。電気屋坂のへんで、後ろから自転車できたA先生においこされ、これからずっと長い坂にかかろうとするところで、B先生においつかれた。これからあがり坂になるので、先生は自転車をおり、おして歩きながら、ぼくたちにはなしかけた。

「ばかにおそいな。きょうの委員会はどんなことをやってきたい？」

ぼくたちは、補習があるので三年生が委員会からぬけたいといったことについて、くわしくはなした。そして、先生にも考えてもらうようにたのんだ。先生はしばらくすると、

「それは補習授業のほうがだいじだよ。」といった。

「どうして？　どうして、補習授業のほうがたいじなんですか。」と、ぼくとA君が聞

くと、「それはね、補習授業をやってみて、この子は将来食っていけるか、いけないかということを、先生がみてやるんだよ。だから、補習が学校ではいちばんだいじなんだよ。もし補習をやることとで、生徒会や委員会にさしつかえるというのなら、生徒会なんてのはやめてもいいいんだよ。」

「へえ、じゃあ補習授業って、いったいどんなことをやっているのですか。」

「いままで、三年間の総復習をやって、この子はみこみがあるかどうかを、みているんだよ。」

「じゃあ、みこみのない子はどうするんですか。」

「まあ、その子は一生だめだね。」

「だめだからなんていって、先生はその子を見すてるんですか。」

「見すてやしないよ。だけどね、世の中は生存競争というものがあって、ほかの人間に負ければ、死んだもどうぜんだよ。」

ぼくたちは、先生のことばにたまげた。ちょっとだまったまま、しばらく歩いてまた質問した。

「なんで委員会をやることが、社会にでて役にたたないのですか。」

先生は困ったように、ちょっとのあいだ無言だったが、ふたたびいった。

「補習授業はね、進学にはもちろん、就職にだって役にたつよ。そのほか、あらゆる試験勉強に役にたつんだ。どんなに勉強したって、試験にパスしなけりゃ標準レベルより低いことになるから、社会にでたってつかいものにならなくなる。どうだい？」

ぼくたちはまた、

「そういうレベルより低い人たちがたくさんいる日本の状態をそのままにしといて、いつまでも試験制でやっていてもよいのですか。そういう状態を早くなおし、無試験制にするようにしなくちゃいけないんじゃないですか。それなのに、まだ委員会より試験勉強のほうがだいじだなんて、なっとくできない。」といった。

みんな、一分間ほど無言だった。先生が、「しかし、人間がふたり以上集まれば、人間には元来欲（がんらい）というものがあるので、あらそいがおこる。つまり生存競争だね。いまの日本の世の中でも、出世主義でもよいから人をけおとしてらくな生活をと、みんなが思い、じっさいに出世主義の者が多いだろう？　他人のものをへずって生きていることになるんだよ。商店だって、人をだまして食っているわけになるんだよ。こんなことはふつうではいわないけど、社会がみんなそうなんだから、しかたがないんだよ。」と、いった。

「じゃあ、もし自分持ちの田んぼがあったとして、その田から十石とれるところを十五石とれるようにすれば、人のものをへずったことにならないんじゃあないですか。」と、ぼくたちがいったが、それに対する答えはなかった。ぼくたちふたりは、まだあきらめきれずに、「補習のほうがだいじだなんて、どうしたっていいきれやしない。」と、おたがいにはなしあっていると、先生が、「まだわからないのかい。きみたちは、三年生の気持ちがわからないのか、少しは先輩（せんぱい）の気持ちになってみな。」と、少しおこりぎみにいったのだった。

この作品には、生活の事実をありのままに書きつづることの中で、この子どもの個性的な文体が生まれてきています。日記とはいえ、文章もきびきびしていて、そこに文章を書くことへの意志も感じられます。

生活綴方が教育のテダテとして重要な役割を果たすのは、一つには子どもに個性的な文章を書かせるための仕事であるということにありました。子どもの内側からにじみ出る個性ある文章は、単に文章作法的な知識や技術を教えるということからは生まれません。一人一人の子どもに生きた生活があって、はじめて個性的な文章が生まれてきます。文体は個々にちがうものであってよく、その文体の中にこそ一人一人の子どもの生活があるというふうにも私は思うようになりました。

文章を書くという仕事は、ある意味では、日常の生活を基礎にした自己表現の仕事であるといっていいでしょう。このことは役人や教師が書く公用文であったり手紙文であったりしても同じです。ハンコでおしたようなきまりきった公用文などは、公用文の見本にもなりません。むかし、夏目漱石が文部省から博士号をやるから出向くようにという文書をもらって、そんなにくれたければ自分から持ってくればいいと返事をしたということを聞いたことがありますが、それなどには如何にも漱石の面目が躍如としています。

子どもたちには、上手な作文を書こうという心の競いをおさえさせて、日常的であたりまえの文章を書かせること、それが作文教育の手はじめの仕事になるのでなければなりません。それが基礎にあって、さまざまな教科の知識や技能を確かに身につけていくことと関わりながら、生活の事実をみつめる眼が深まっていく。そこからゆるぎなく生活的で個性的な文章が書かれ、創造的な文体が確立していくのにちがいありません。

　はじめに書いたようにこの「十一月二十七日の記録」は今から三十数年前に書かれたものですが、今読んでも少しも古さを感じさせない文章になっています。この作文の末尾に、私たちの目指す民主主義の教育とはおよそかけはなれた教師の世界観（？）が書き記されています。考えてみれば私たち教師の仕事はこういう教師たちとのたたかいでもあったのでした。そのたたかいは今もなおつづいているといっていいでしょう。そこから子どもたちばかりでなく、教師自身の個性的で創造的な仕事も生まれてくるのだということを、今しみじみと思い返すことができます。

（一九八六年一月）

〈付記〉ここまで書き終ってふと辞引をひいてみました。辞引には「文体①（style）文章の風体。いかにもその作者らしい表現上の特色、また作者の思想・個性が文章表現の仕方ににじみでている全体的な特色」（広辞苑）と書かれています。傍点と圏点は私がつけました。私の考えた「文体」ということの内容がピタリといいあてられたという気がしたからでした。辞引をひく喜びがわいてきます。

㉚「見たものをお詠み。想像はいかんぜよ。」
——にじみてるユーモアをこそ——

観念を排してありのままの事実を見ることをすすめたのは正岡子規でした。俳句や和歌、散文の上で「写生」をすすめたのがそれです。

「写生」は英語のスケッチからきたことばでしょうか。つい先頃読んだ藤沢周平氏の『白き瓶』という小説には、子規が病床で実際に歌作する場面が次のように書かれています。

「それは五年前の三月三〇日（長塚）節が二度目に根岸の子規庵を訪ねたときのことである。子規は妹の律を呼んで、線香に火をともさせると、線香が燃えつきるまでに、ここで見える実景を詠めと言った。『見たものをお詠み。想像は、いかんぜよ』。少しきびしい顔になってそう言うと、子規は自分も筆を取って歌を案じはじめた。」〔「」内圏点　堀沢〕

「見たものをお詠み。想像はいかんぜよ」。和歌や俳句に観念を排して実景につくことを説いた子規の姿が彷彿として浮かんできます。

『白き瓶』にはその副題に「小説　長塚節」とあって、それは歌人であり『土』の作家である長塚節を伝記としてでなく小説として書いたものですが、ここに引用した歌作にふける子規の姿の記述につづけて、その時うけた節の思いがつぎのように書かれています。

「病に窶（やつ）れて、修業僧のように髪もひげもぼうぼうとのびた子規と二人だけで、言葉もかわさず歌作に耽ったその沈黙の一刻は、いまも節の胸にうかんで来る光景だが、近ごろ節は、そのとき子規は自分に歌作の秘儀を伝えたのだと思う気持が強くなって来ていた。見たものを詠む。それが秘儀で、その先に何があるかをきわめるのが自分の仕事だと思われて来る」（圏点　堀沢）

見たまま、ありのままの事実をとらえたあとその先に何があるのか、それを見きわめることの深さと豊かさ。それは生活綴方に志して、子どもたちにありのままの生活の事実を書かせつづけてきた私たち教師の思いともかかわってきます。

観念を排して実景につくことを旨とした子規の歌は、時には声をあげて叫喚したといわれる病苦の影を全くとどめないほどに健康で伸びやかなリズムをつたえる作品が数多く残されています。「くれなゐの二尺伸びたる薔薇の芽の針はらかに春雨の降る」は言うに及ばず、最晩年の「佐保神の別れかなしも来ん春にふたたび逢はんわれならなくに」など、これが死の病いに呻吟する病者の歌かと思われるほどに、伸びやかで明るいリズムをつたえています。実景をまっすぐに見るということには、何よりもこだわりなく明るい、健康な心と眼とを必要とするからでしょうか。そこには既成の観念をくつがえして、自然や人間の生活の実相にせまる発見があります。

生きとし生けるものへの絶ゆることのない発見とその喜びが人間に内在する豊かな心情を育んで、そこから生への喜びが生まれてきます。子規の歌ののびのびとした健康な生のリズム――それはまた、にじみであるユーモアであり、ユーモアとはどんな困難な状況の中にあってもくずおれることのない生への意志のあらわれであるとも言えるでしょう。

庭中の松の葉におく白露の今か落ちんと見れども落ちず
小庇にかくれて月の見えざるを一目を見んとゐざれど見えず

これらの歌からは病床にあって実景を凝視する子規の姿が彷彿として浮んできます。「想像はいかんぜよ」とつぶやきながら、病苦を忘れて二転三転する子規の姿が浮んできます。それは此上なく痛ましい姿でありながら、その痛々しさを乗り越えて、むしろユーモアにみちた姿であるともいえるものでした。これらの歌から明るくのびやかにつたわってくるユーモア。そこに健康な生のリズムを感じて、これらの歌も私にとって忘れられない歌となっています。

生活綴方を志して、子どもたちにありのままの生活の事実を綴方に書かせながら、私はいつも子規以来の「写生」が胸のうちにありました。「見たものをお詠み。想像はいかんぜよ」という子規のことばは、今も新しいひびきをつたえて私の胸のうちにあります。綴方で生活の事実をありのままに書きつづるということは勿論これとはちがうのでしょうけれども、しかし「写生」といい、生活の事実をまっすぐにとらえるということも、観念を排して実相につくということでは変りはありません。

生活の事実を書きつづった子どもの作文には、時に涙ぐましいほどに切実な感情のにじみでたものや、思わず破顔するほどユーモアのにじみ出たものに出会うことがよくあります。

英語の一週間　中1　萩原　徹

兄ちゃんが中一になってのある休みの日に、兄ちゃんが「おばあちゃん、月火水木金土は英語で何ていうか知ってる？　知ってたらおしえてくれい。」と聞いた。するとおばあちゃんは「うん、知ってるよ。日曜日っから言うよ。サンデー、マンデー、チューズデー、ウェンズデー、サースデー、フライデー、サタデーだよ」と言った。兄ちゃんが「よくわかんねえや。もう一回言ってくれい。」と言うと、おばあちゃんは「よくわかんなくっちゃ、こういうふうにおぼえてればぜったいわすれないよ。いいかい、言うよ。日本の武士はのぎサンデー、月けいかんはのぞマンデー、火に水かけてチューズデー、水田（みずた）になえをウェンズデー、木刀腰にサースデー、金（かね）があったらフライデー、お土産（みやげ）差し出しごぶサタデー。こういうふうにおぼえればいいんだよ。」と言った。おれはそばで聞いていて、（へえおもしれえなあ）と思いながら（日本の武士は——）と心の中で言ってみた。金曜日がよくわからなかったので、おばあちゃんに「金曜日なんていうんだっけ。

金があったらてんぷらデーだっけ?」と聞くと、おばあちゃんは笑いながら、「金があったらフライデーだよ。これはおばあちゃんが女学校の時に先生に習ったんだよ」と言った。おれは「へえ」とおどろいた。おばあちゃんは今六十三、四歳だから、かれこれ四十年以上たっている。おれはまだそれをおそわってから一年くらいしかたっていない。おれは（おばあちゃんみたいに四十年なんておぼえていられるかなあ）と思った。

この作文はもう十数年も前に書かれたものですが、今読んでも巧まずしてユーモアを身につけた子ども（作者）の姿がありありと浮かんできます。身につけたユーモアは、それが教育の場で打ち消されない限り教科の学習や生活の学習の中でも生きた知識をみずから学んでいく力ともなります。事実この作文を書いた徹君は、三年生の時の修学旅行で薬師寺の仏像の前に立った時、事前に国語で勉強した会津八一の「びしゃもんのおもきかかとにまろびふすおにのもだへもちとせへにけむ」を口すさみながら、「センセイ、あれだいね、『おにのもだへもちとせへにけむ』というやつは……」と、いかにも感に堪えたように見入っていたのでした。

バリカン　中1　林　広志

こどもの日にとうちゃんが
「あたまさかってくれらあ」と言った。
とうちゃんはあたまをかるじゅんびをしていた。

はじめに大ちゃんのあたまをかった。
ぼくはばんがくるまであそんでいた。
大ちゃんがあたまをかりおわった。
こんどはぼくのばんだ。
とうちゃんはぼくのあたまをバリカンでかった。
そのときぼくは心の中で
(いたい) とおもった。
でもとこやへいけば一六〇〇円とられる。
ぼくは心の中で
(一六〇〇円、一六〇〇円) といいながら
がまんした。

この「バリカン」の詩も、なんということもなくおもしろいものでした。小学校からの引続きで中学の障害児学級に入ってきた広志のはじめて書いた詩でした。入級の事前に送られてくる小学校からの指導要録抄本には教科の評価の記載はなく、知能テストの点数だけが書きこまれてあって、生活指導欄なども子どもの個性にふれた記述は見当らない、そんな抄本でした。したがって、これで見る限り、この子どもがどんな子どもかということは少しもわかりません。

しかし、はじめて書かれたこの「バリカン」の詩の行間ににじみ出ているユーモアから、この子

どもの個性をとらえることは容易でした。「いい子だな。」そんな思いを持つことができて、それがこの子どもの学力を伸ばしていくことに役立ちました。広志は算数も国語もよくできる子でした。美術でも「桑の木」や「一輪車を押す人物」など、難しい題材にも真っ向から取組んでいきいきと描き上げることができました。それらの作品にも広志らしい個性がにじみ出て、画面にただようユーモアがそれらの作品を明るく美しいものにしていました。学年の終りの冬に書いた「ふぶきの日」という詩には、親のうどん作りを手伝いながら、夜空にかかった凍るような月を見上げて「あしたも凍みるな」とつぶやく広志自身の姿も書かれて、そこに母親の生活を気づかう広志のやさしい思いがにじみでていました。やさしい思い——それもユーモアにつながります。

ユーモアはもちろん何事にも真剣に打込む学習生活の中から生まれてきます。決して軽々しいものではありません。「身に沁みるユーモア」などということばもあるくらいですから。

子どもたちには何事にも一生懸命に打ちこめる学習の場をこそ作っていってやりたいものだとしみじみ思います。それには今横行している観念的な知識の詰込み教育を排して、すぐれて系統的で、具体的な内容を持つ教材の発掘が教師たちの手によってなされることが必要だと言えるでしょう。

（一九八二年二月）

㉛ 教材の読みとりをめぐって授業とは何かを考える

私たちの国語サークル一月例会では『大造じいさんとがん』（椋鳩十作）の読みとりをめぐって、ひさしぶりに議論がはずみました。

『大造じいさんとがん』の読みとりはこれまでにも四、五回ほどつづいています。一回ごとの読み合いは時間にして一時間ほどですから、ある時は小さい段落に区切ってそこまでの読みとりをするというふうにして進めてきています。あくまでも教材研究としての読みとりですから、そこに一定の読みとりの方式などというのはありません。自由に読み合います。

この日、読みとりの対象となったのは次の所でした。

さて、いよいよ残雪の一群がことしもやってきた、と聞いて、大造じいさんは沼地へ出かけていきました。

ガンたちは、昨年じいさんが小屋がけしたところから、弾のとどく距離の三倍もはなれている地点を、えさ場にしているようでした。そこは夏の出水で大きな水たまりができて、ガンのえがじゅうぶんにあるらしかったのです。

「うまくいくぞ。」

大造じいさんは、青くすんだ空を見あげながらにっこりとしました。

その夜のうちに、飼いならしたガンを例のえさ場にはなち、昨年たてた小屋の中にもぐりこんで、ガンの群れを待つことにしました。


はじめの、きょうの読みとりの部分をさししめすための朗読はここまででした。授業で子どもたちと読みとりを行う場合も、四十五分なり五十分という時間の制約がありますから、あらかじめ教材の範囲をきめるための朗読が教師なり子どもによってなされるでしょう。その時、時間的にちょうどよい範囲をきめるために、不意識のうちではあっても、一定の段落がそこでおさえられるでしょう。「この時間はここまでの所を読みとろう」というふうに。

例会での読みとりも、最初にそんなふうにしてはじめられました。はじめの朗読はここにあげたところまででしたが、実はその先に次のような文章があって物語はつづけられています。


さあ、いよいよ戦闘開始だ。

東の空がまっかに燃えて朝がきました。

残雪はいつものように群れの先頭にたって、美しい朝の空を真一文字に横ぎってやってきました。

ここに掲げた本文を見てもわかるように、一文一文が一段下がった所から書き起こしてある独立した文になっていますから、形式段落をおさえることはできません。

くり返し読み進むうちに、段落の内容ははじめに朗読された部分ではなくそのあとの「さあ、いよいよ戦闘開始だ。」までが一つの段落になるのではないか、という考えが出されました。出したのは私です。「その夜のうちに、飼いならしたガンを例のえさ場にはなち、昨年たてた小屋にもぐりこんでガンの群れを待つことにしました。」は、大造じいさんの計画の目論見ですが、それはその前文の「『うまくいくぞ。』大造じいさんは、青くすんだ空を見あげながらにっこりとしました。」の「にっこりとしました。」に関わっています。大造じいさんの予想どおり、ガンの群れがやってきて、弾のとどく距離の三倍もはなれている地点のえさ場に下りたっている光景を目にしながら、かねてからの計画を実行する時がきたという思いがわいた。それがこの「にっこりとした」という表情にかかわっているのでしょう。

「(ガンの群れを)待つことにしました。」は形式的には計画を実行することの意図で、それを実行したということではありませんが、次の「さあ、いよいよ戦闘開始だ。」に至るその文章の行間には計画を「その夜のうちに」実行したであろうことの内容が見えています。おそらく大造じいさんはうきうきしながら計画を「その夜のうちに」実行に移したのにちがいありません。ですから「さあ、いよいよ戦闘開始だ。」は計画を実行に移した後の大造じいさんの心意気をあらわす文だといえるのではないか、段落はそこまで。そして一夜経て「東の空がまっかに燃えて」朝がやってくる……

そのように読むと、段落は「さあ、いよいよ戦闘開始だ。」という所までということになります。それが私の読みなのでした。

例会ではしかし、そこの所の読みで議論が百出しました。「待つことにしました」(傍点堀沢)というふうにはなっていても、これはその夜のうちに計画を実行したというふうにとれるのではないか、というのがその一つ。「さあ、いよいよ戦闘開始だ」は前の文につづくのではなく、その後の「東の空が……」につづく文で、だから「ガンの群れを待つことにしました。」までを段落とおさえていいのではないか等々。

結局のところ、この読みとりの行きちがいは解決はつかず、宿題として次回へ持ち越されましたが、段落をめぐるこのような議論は些細なことのようであっても、一つの教材をめぐってこのような議論がもし授業で子どもたちとなされるとしたら、その授業は、たとえ小学生向とされているこの教材が中学生の授業に持ちこまれたとしても、いきいきとした授業になるだろう、そんな気がしました。授業とはそういうものだという思いが私にはあります。

(一九八六年三月)

㉜ 生活からわきでる知恵

幼児が一歳をすぎて、ひとり歩きができるようになった頃、その幼児の口からどのようなことばが出てくるのだろう、と考えたことがあります。一つ一つのことばが教えこまれて、そのことばが子どもの口からおうむがえしのようにして口から出るようになるのか、それとも――。

そんなことを考えているとき水戸から昨年、一歳五か月になる孫が私の家へやってきました。男の子です。はじめ一日は家にいて、よちよちとあたりかまわず歩きまわる孫につきあいながら、ほとほと神経がつかれました。――つかれる――そう思った時、保育園で幼児のめんどうをみる保母さんたちの仕事の大変さが目に浮かびました。

翌日は両親と一緒に孫を車で玉原ダムへつれだしました。五月のはじめでした。玉原高原には水芭蕉の咲く所へ通う道に、まだところどころ残雪が見えていました。車から降り、孫はものめずらしそうに木立の中の小道を歩いています。そんなようすにも、歩きはじめることのできた幼児の喜びが見えていました。少し歩いて振りかえると、孫は木立の中に入りこんで、そこにひとかたまり消えのこった残雪の上にのってしゃがみこんでいます。五月とはいえ、陽光は木立にさえぎられて、そこだけは肌寒い風が吹いています。

「だめ。こっちへおいで。」

道へつれもどそうとして近寄ったとき、孫の口からことばがでました。

「ユキ、ツメターイ。」

孫にとって、生まれてはじめての雪の感触でした。その雪の感触にふれてニッコリと笑うそのことばに喜びがこもって、その内容がことばにこもりました。ユキということばもツメタイということばも、誰が教えたことばというものではありませんでした。豊かな自然に体でふれた喜びとともに、自然に口をついて出たことばでした。大人から教えられてオウムがえしに口から出たことばとはちがいます。それは、ツメタイということばに実感がこもって、そこから幼児の喜びがつたわってくるのでもわかります。

ツメタイということばは、ある意味で抽象的なことばであるといえるでしょう。実感のささえがあって、はじめて自分のものとなることばだといってもいいかも知れません。

その時から丸一年経って、二歳七か月になった孫が、今また家にきています。昨年よりもずっと行動範囲が広くなって、孫に付添う私のほうがあちこちふりまわされて、時に溜息が出るほどになりました。

ある晴れた日に、家の近くの空地を、孫をつれて歩きまわりました。孫は草地にしゃがみこんで、自然の生物にふれては、その都度声をあげています。

「ムシ。ムシダヨ。チイサイムシダヨ。」

「うん。アリゴだ。アリゴだよ。」

生物から植物へ目が移ると、今は花をひらいてしまったフキのとうなどを指しては「コレ、ナアニ。」と聞いています。

そこで互に交わす会話も、いつのまにこんなことばが、と思われるほどに語いが豊かでした。小さな空地でしたが、春の草地の中はさまざまな植物や生物が生きていて、そのたたずまいが豊かでした。

「コレ、コレ、コレナアニ。」

こまかい花をびっしりとうずめたいぬふぐりの群落がそこにありました。その中にしゃがんで、一つ一つの細かい花を手にとるようにして見入っています。

「いぬふぐりだよ。いぬふぐり。」

答えてやると安心するのか、しばらく見入りながら、孫の口から

「キレイだね。」

ということばが出ました。そのことばにも実感がこもって、単に教えこまれたことばとも見えません。

いつだったか宮下久夫さんと、文字（漢字）をふくめた言語の教育について話し合ったことがあります。宮下さんは人も知るすぐれた授業者で、漢字教育についても一家言を持った教師です。その漢字教育はすぐれて系統的な理論にささえられた授業をうみだしてもいます。その宮下さんが言います。

「漢字のもつ系統にふれずに、単にくりかえしの漢字練習などで覚えこまそうとしても、漢字はなかなか子どもたちのにならない。子どもたちは漢字の成立にかかわる具体的系統的なすじみちにふれることができると、単に漢字をおぼえるばかりでなく、子どもたちが自身の内部に持っている漢字をつぎつぎに使うことができるようになってくる。言語についてもそれと同じことが言えるのではないか。教育とは子どもの持っている能力を引きだす仕事だということがよく言われるが、文字や言語の教育だって、そういうものだという気がする。……」

たしかにそうなのです。宮下さんの言うその系統が生活の中にあります。子どもたちには知識のつめこみでなく、豊かな生活をこそ与えたいものだとあらためて思わされるのです。

（一九八六年五月一日）

㉝理知　そしてやさしさ――芥川龍之介の俳句――

先日、仔細あって、芥川龍之介の俳句を読み返してみました。俳句の作品は小説同様そんなに多くはありません。芥川は作家であって、俳人ではないのですが、しかし余技でありながら、そのどれもが一流をきわめていて、一句一句珠玉のような句がならんでいます。その俳句作品のすべては全集第九巻におさめられています。

芥川龍之介の俳句（抄）

蝶の舌ゼンマイに似る暑さかな
痨咳の頬美しや冬帽子
木枯や目刺にのこる海のいろ
初秋の蝗(いなご)つかめば柔かき
野茨にからまる萩のさかりかな

洛陽

麦ほこりかかる童子の眠りかな

　伯母の言葉を

薄綿はのばし兼ねたる霜夜かな

木の枝の瓦にさはる暑さかな

　園芸を問へる人に

あさあさと麦藁かけよ草いちご

乳垂るる妻となりつも草の餅

兎も片耳垂るる大暑かな

今ざっと抄出してみても、たちどころにこれらの作品が浮び上がってきます。

「木枯や」の句の、目刺に海の色を感じとるところなど、非凡です。裏日本あたりの、ものしずかな蒼い海の色でしょうか。

「麦ほこり」の句は中国旅行の折にでも得た句でしょうか。洛陽は「杜子春」の舞台にもなった所ですが、土臭いほこりをかぶりながら眠る童子の姿がやさしく浮んできます。そう言えば、小説「金将軍」の中に、朝鮮侵略に赴いた日本の武将が、路頭に眠る幼児の寝顔に怖れを感じて、その枕を蹴る場面がえがかれています。枕を蹴られても、空間を枕にして、なおにこやかに眠る幼児の姿に底知れない怖れをいだく侵略者の姿がそこにあります。幼児のもつやさしさ、それは鬼神をも凌ぐといわれた武将をもたじろがせる勁(つよ)さでもあるのでしょうか。

「薄綿は」の句も、詞書にあるように、伯母のひとりごとをそのまま句にしたような作品ですが、なんともうまいものです。薄綿のまつわりつく手の荒れが浮んで、霜夜の寒さのしみとおってくる句となっています。そのことは「あさあさと」の句について、同じようなことが言えるでしょう。口吻がそのまま俳句となっているところはさすがです。

「乳垂るる」の句も私の好きな句の一つです。「乳垂るる」は万葉の「垂乳根」などと内容は同じでしょうか。可憐で清楚だった少女も今は妻となって、みどり児に乳房をふくませる、そんな生活的でたくましい姿がほおえましく浮んできます。世にいわれる理知とはうらはらに、芥川のやさしい眼遣いをみる思いがします。

（一九八六年五月）

㉞ 草紅葉（くさもみじ）

ずっと以前に読んだ中村汀女の俳句に

駈けぬ児は傷つつむ児よ草紅葉

というのがありました。この俳句を読んでから、もう四十数年たっています。が、ふしぎに忘れられない俳句でした。戦後、教師になって、幼児教育ともかかわるようになってからは、尚更忘れることができず、今もふっと口をついて出てくる句になっています。

この句は小学校の運動会のときの句でもあるのでしょうか。「草紅葉」という句に、木造校舎の前の土臭い運動場の情景が浮んできます。運動会はそこで行われ、おそらく低学年の幼い子どもの一人が駈けっこの途中でころんだりしたのでしょうか。まわりで見ている多勢の父母の、かたずを呑んで見守るようすが浮んできます。ころんだ子どもは泣きもせずに――いや、顔をしかめながらかも知れません――トラックの周囲に生えている雑草をひきちぎって、それを転んだ膝の傷口に押しあて、なお懸命に走ろうとして痛さをこらえているようすも目に浮んできます。周囲の父母たちの心配そうなようす。……

草紅葉に傷口をおおって走る幼い子どもの、健気で、しかもほおえましい姿の中にただようユーモアが、この俳句の内容をより豊かにふくよかなものにしています。そこにまことにかわいらしい子どもの姿も浮んできます。

苦しみや困難を乗り越えよ、そう教える父母たちの子どもに対するあたたかいまなざし。それは教育の仕事にきびしい教師であればあるほど、身につけなければならないあたたかさ、やさしさであるともいえるでしょう。

俳句という短小詩形の中にあざやかにえがき出されたほおえましい子どもの姿。短小詩形とはいいながら、なんとも内容豊かな俳句だという思いに、この句も忘れられない俳句の一つとなっています。

（一九八六年六月）

㉟強靭にして真摯な生活

正岡子規の『竹の里歌』を読んで、「ああ、これなら自分にも歌が作れる」そう思って作歌の道に入った、といったのは斎藤茂吉でした。「ああ、これなら」というのは、「こんな程度のものなら」などということとはちがいます。そんな安易なものではありません。眼の覚める思いがしたのです。眼の覚める思いに触発されて、そこから茂吉の創造力が引き出されてきたのでしょう。そして、子規の「絵あまたひろげ見てつくれる」という詞書のついた連作に触発されて、茂吉は「地獄極楽図」の連作を残しています。

その子規の「絵あまたひろげ見てつくれる」十首の中から三首ばかりぬいてみます。

なむあみだ仏つくりがつくりたる仏見あげて驚くところ
岡の上に黒き人立ち天の川敵の陣屋に傾くところ
木のもとに臥せる仏をうちかこみ象蛇どもの泣き居るところ

何ということもないようですが、しかしリズムが大変すっきりしています。無雑作のようでいて、そうではない、子規自身が見ている絵の形象がありありと浮んできます。そこから子規自身の闊達で明るい精神のリズムもつたわってきます。私自身は二首目の「岡の上に黒き人立ち……」の歌が好きでした。

実際、子規のものには、歌にしても俳句にしても、また散文にしても、そういうところがありました。

　枕べに友なき時は鉢植の梅に向ひてひとり伏し居り

にしても、

　鶏頭の十四五本もありぬべし

にしても、何ともない実景をありのままに詠んだ、そう思われるものが多いのです。――実際はそうではないのでしょうけれども――。

またこんな歌もあります。

　四年前写しし吾にくらぶれば今の写真は年老いにけり

あたりまえといえば余りにもあたりまえの歌です。でもふざけた歌ではありません。ふしぎにおもしろいのです。にじみでるユーモアがあります。

この歌のつくられたのは明治三十三年で、子規の亡くなる二年前になります。年譜には、その年五月、病状悪化、とありますから、あの苦痛にみちた病床生活での作であるでしょう。この歌から、わずか四年の間に病苦でやつれ果てた子規の姿も浮んできます。しかし精神の衰弱はありません。明るいのです。そこから生まれてくるのびやかなユーモア。それが何とも貴重でふしぎといえばふしぎなのです。

私なども子規の作品に触発されて、歌を作ってみようかなどと思うことがあります。しかし、実際にはなかなかできるものではありませんでした。残念な気もしないではありませんが、でも、そうやって歌ごころを触発されるところがまたいいのです。
綴方（教育）などにしても同じです。

×　×　×

新潮社の日本文学アルバムに『正岡子規』があって、その巻末につけられた司馬遼太郎氏のエッセイに「子規は大まじめな人であった。が、どこか可笑しい。幸い、友人の漱石が、保証してくれている。漱石は人間に於ける、そのあたりの受信能力が鋭敏で、ひそかに子規をおかしがり、おかしい分量だけの愛を感じていた。」という文章がありました。この文章の中の「可笑しい」というのは、通俗的に言われる「ユーモア」とはちがいます。その前に「大まじめな人であった」という文があるからです。子規は明日をも知れぬ病床にありながら、終生真摯に、その生活を生きぬいた人であったのでした。

夕顔の棚つくらんと思へども秋待ちがてぬ吾が命かも
痰一斗へちまの水も間にあはず

悲哀のリズムの中にただようユーモア。斉藤茂吉はこれを「フモール」とか「有情滑稽」とかいうふうに言っていました。三十六歳の若さで生命を終えたとはいえ、そこに子規の強靭にして真摯な生活を見る思いがします。

×　×　×

このところ私は子規のものを読むことが多くなりました。

これは直接子規の書いたものではありませんが、先日、岩波文庫で、柴田宵曲という人の書いた『評伝正岡子規』を読みました。あの病苦にみちた『病床六尺』の世界で、最後まで明るい健康な精神を失うことのなかった子規の生活の秘密が、この評伝の中に手にとるように明らかにされていました。明るいリアリズムの世界、それはまたひどく感動的な世界でした。

子規はあの苦痛にみちた病床生活にあって、文学の中に実人生を見る。その闊達な眼を最後まで見開いていた人でした。それが『俳諧大要』や『歌よみに与ふる書』となって、世の人々の近代的な眼を開かせる大きな力ともなったのでした。ひとり文学だけに限らず、それはまさに「警世の書」ともいえるものでした。

その子規が亡くなる前年の九月から新聞連載がはじまった『仰臥漫録』の中にこういう記述があります。

（『仰臥漫録』の「仰臥」というのは「仰向けになったり、伏したり」ということでなく、「仰向けになったまま」の病床生活ということです。子規の晩年の病床生活は寝返りをうつことも、いざることもできない、仰臥の生活でした。仰向けになったまま書見台で書を読み、文章を書きつづる、そんな生活でした。）

「天下の人余り気長く優長に横へ居候はば後悔可致候。天下の人あまり気短く取急ぎ候はは大事出来申すまじく候。われらも余り取急ぎ候ため、病気にもなり不具にもなり思ふ事の百分の一も出来申さず候。貧乏村の小学校の先生とならんか日本中のはげ山に木を植ゑんかと存候。」

この中の「貧乏村の小学校の先生とならんか」というのが私にはひどくおもしろいのです。大学の教師ではなくて、小学校の先生とならんか、という所に、子規の面目が躍如としています。しかもその上に貧乏村の小学校の教師にあこがれる所も、私にはひどくおもしろいのです。

又、そのあとに「幼稚園の先生もやってみたしと思へど財産少なくして余には出来ず」云々というのもあります。「教育」にかかわって、子規の飾り気のない、闊達な精神をそこに見る思いもします。

（一九八六年八月）

㊱子どもをみつめる眼のやさしさをこそ

志賀直哉はいかにも気むずかしそうな作家だという印象が、私にはぬけきれずにいた。それは志賀直哉自身、作品の上で「不快だ」「不愉快だった」という言葉をよく使っていたせいかも知れなかった。退職して家に閉じこもることが多くなった今、書棚から志賀直哉全集をとりだしてきては、その中の小品を読み返すことがよくある。表面では気むずかしそうに見える志賀直哉も、子ども好きだな、と思わされる小品に出会って、そこににじみでるユーモアを感じながら、ほっとすることがある。そのせいか、このごろでは「気むずかしそうだ」という印象もうすらいだ。

そういえば芥川もそうだった。「カミソリのような神経」とか「神経ばかりが生きている」などといわれた芥川も、子どもというもののとらえかたがやさしかった。例えば『戯作三昧』の中の、年老いた馬琴と孫との会話のやりとりなど、今読み返しても、私自身しみじみとした思いを持ったりする。志賀直哉にも芥川にも、若い頃気負って読んでいた時には気づかなかった或るやさしい一面にふれて、思わず心の和む思いを持ったことが幾度かあった。そこに今まで気づかなかった生活のリズムを感じたりした。

× × ×

志賀直裁に『池の緑』という小品があって、それがなかなかおもしろかった。短編作家とはいえ、これはどの短編よりも極く極く短いものだ。「曇って温い日だ。錦魚を入れる一畳敷程の木函を先日梅の木を植ゑる都合で子供部屋の前へ移転した」という、いつもながらさりげない書き出しではじまるこの小品は、今年三歳と二カ月になる娘との交わりを描いたものだ。気晴しのためにはじめた仕事なのだろうが、「三つと二ヶ月位になる田鶴子といふ私の小さい娘が一緒になって要らざる手伝ひをするのが少し煩かった。」というところに、この作者らしい気むずかしさがあるものの、「そして手を洗ふ為めに家に入って行くと小さい娘もついて入って来て、洗面場で私と一緒に手を洗った。私は烟草に火をつけ又庭へ出た。娘はエーアシップの吸口をくはへて又ついて来た。」というところなど、この小娘のいたずらそうでほおえましい姿が浮んで、「少し煩かった」というのとは逆に作者自身たのしんで書いているようすが文章のばしばしに見える。そしてそのすぐ後に「私は寝室の横から裏庭の方へ行くと、小娘は矢張りついて来る。」とあり、作者は「私が隠れて出かけても後から必ず来るのには閉口する。」と書くのだが、この「閉口する」という言葉も、その言葉の意味とはうらはらに、作者に、この小娘とのかかわりを楽しんでいるようすが見えている。おもしろいな……そう思って読んでいるうちに、たちまち文章は後段にきた。

その後段にきて、私はなんともいえずやさしい思いに、思わず心が和んだ。その思いが読み終ったあとも、胸にのこった。「裏庭に蓮や睡蓮や菖蒲や、河骨や、太藺など植ゑた池がある。」その池の縁で小娘とと交わす会話がいかにもやさしい。

「『きのふな――蝉がな――木で啼いてゐた。』

小娘が急にこんな事を云ひ出した。此小娘の場合、過去は常に『きのふ』で片づけるので、いつの事を云ってあるかとは思いながら、『ねえ、蝉とか蜻蛉とか、ああいふ虫は夏、あつい時でないと出ない。こんな寒い時分は蚊も蠅も居ないだろ。さうだろう』から云ふと、『嘘いひな』と小娘は非常な自信で一言の下に否定した。『何を去ふか』という調子だ。

『馬鹿』私は笑った。

『嘘いひな』小娘はもう一度さう云ってにやにやしてゐる。

『お前こそ嘘いひな』と此方(こっち)もいって、二人で一緒に笑った。」

「馬鹿」という言葉もこの作者によく使われる言葉だが、こうして使われてみると、その中にも、ユーモラスで或るやさしいひびきがこもっている。そういえば『暗夜行路』の中の、妻である直子との会話の時にも「ばか」ということばが使われていたが、あれもやさしいひびきのこもった言葉だった。

× × ×

子どもというものは、いろいろなまちがいやいたずらをよくする。時に「暴れっ子」といわれる子どもはそうだ。しかしそれも客観的に見る余裕をこちらが持つと、いかにも子どもらしい無邪気さをもって目に映るからふしぎだ。

同じ志賀直哉の『子供四題』の中の「次郎君」という小品も極く極く短いものだが、子どもをみつめる作者の眼がいかにもやさしい。

「或日、お父さんと湯に入り、先へあがって、よく拭かずに、行きかけるのでお父さんは風呂の中から、『風邪ひくぞ、もっとよく拭きなさい』と声をかけた。次郎君は一寸手を挙げ、二の腕を二三度フウフウと吹いて、其儘いって了った。」

そのあと「もう一つ」とあって、「これも或日の事だ」からはじまる後段の部分は、この小文の中でもやや長い部分だ。志賀直哉の文章は極めて簡潔な文章なので省略のしようもないから、その後段の部分を全文抜き書きしておく。

「次郎君は飴を頬張りながら、例の角火鉢の側で何か一人で饒舌（しゃべ）って居た。そして思はずその飴を灰の中へ落して了った。勿論飴は灰まぶれである。先生、それを火箸で摘まみ上げ、残念さうに眺めて居たが、側に居た妹にそれを食へと云ひ出した。妹がいやだと云ふと、どうしても食へと強ひた。

離れた所で、見てゐたお父さんが、

『そんなことを云ふなら、貴様食って見ろ』と幾らか怒気を含んで云った。流石の次郎君もこれには一寸参った。が、直ぐ自分の懐から紙を出すと、それでくるくると飴を巻き自分の口へはふり込んだ。そして頬張ったまま悠々と部屋を出て行った。

却々面白い坊主である。」

× × ×

「教育は創造の仕事だ」とは、木村次郎さんがよく言う言葉だ。教育の仕事は子どもの事実をリアルにみつめ、とらえるところからはじまる。そこから教育の仕事の喜びが生まれてくる。近頃の子どもは無気力、無感動というのは観念に曇らされた教師や為政者の眼であって、子どもの事実を見ない眼であるのにちがいない。そこからは教育の仕事に対する教師の喜びなど生まれるべくもないといえるだろう。喜びのない仕事はほんものの仕事とはいえず、ましてや長続きなどするはずもない。教師と子どもとの人間的なかかわり、そこからにじみ出るユーモア。ほんとうの学力への芽生えはそこから生まれてくるものであるだろう。ユーモア――それはあらゆる創造的な仕事や文化を生み出す源泉なのにちがいないのだから。

（一九八六年九月）

続・子どもをみつめる眼をより深めるために

著者の母の故郷・追貝の「吹割の滝」

①茂吉随筆の魅力（其の一）

——滞欧随筆「接吻」を読む——

「『茂吉のような文章が書けたら死んでもいい』とまで言われ、熱烈なファンの多い……」云々。これは滞欧随筆をはじめ、「島木赤彦臨終記」などの作品を集めた『斎藤茂吉随筆集』（岩波文庫）の広告文の一節である。「死んでもいい」というのはいかにも大仰のようだが、実感だな、という思いが私の脳裏をかすめた。文学に重厚なもの、たしかな生活感のあるものを求めて、茂吉の著作をふたたび読み返すようになった私の思いと、それは深い所で結びついた感想であるといってもよかった。

私は茂吉の歌とともに、その随筆が好きだった。初期の『念珠集』に収められた「八十吉」「厳流島」をはじめ、「島木赤彦臨終記」そして「滞欧随筆」などが特に好きだった。「八十吉」など、国語の教材にしてもおもしろいか知らんと思って、時折教材研究をしたりして、自分の懐にあたためていたりした。しかし、授業にはついに取り上げることができずに終った。

茂吉随筆の魅力は何といってもその文章にある。万葉の歌言葉に近代をふきこんだ茂吉の文章は、その散文にも、豊かで透徹した言語の生活的なリズムをひびかせていた。

その『滞欧随筆』の中に「接吻」という小品がある。

茂吉の散文はその書き出しから、ある予感を含めたような文章ではじまる。その予感は先を読み進む私にある種の期待を持たせて、心のときめきをさえ誘う。「接吻」の文章はつぎのような書き出しではじまる。

> 維也納(ウイーン)のGurtel(ギュルテル)街は、ドナウ運河の近くの、フランツ・ヨゼフ停車場の傍から起つて、南方に向って帯のやうに通ってゐる大街である。そこには、質素な装いをした寂しい女が男を待ってゐたりした。金づかひの荒くない日本の留学生は、をりふし秘かにさういう女と立話をすることもあった。

「維也納」「ドナウ」など、私にとって映画や音楽で知っただけの名だが、その地名や川の名にも、ある懐しいひびきがこもっている。華やかなまち維也納、生活感あふれるドナウ河それとは対象的に質素な装いをして男を待つ「寂しい女」、「金づかいの荒くない日本の留学生」など、その書き出しの中にとらえられた人影も、単なる傍観者の眼によるものではない。さびしい女の「さびしい」という語に、茂吉は決して「淋」の字を当てない。「寂」である。茂吉の文章を読むようになって私は、そんな些細(ささい)と思われることからも、少なからず影響をうけたりした。

このあと、作者は「ささやかな食店」で夕食を済まして、ゆっくりとGurtel街を歩く。平垣で大きな街道のせいか、人通りはそう繁くはない。「西暦一九二二年の或る夏の夕に……」という、その小節の書き出しにも、或る種の抒情のひびきがこもる。こういう書き出しは鷗外や芥川などもよくする。何か気取りめいたものをそこに感じるとすれば、そうも言えないこともない。しかし決してそんなものではない。鷗外も芥川も詩歌に通暁した作家だが、リアリズムに徹した茂吉の歌人としての抒情性が、或る現実を書きうつす散文の書き出しの、こんな所にもあらわれているようにも思われる。

太陽が落ちてしまっても、夕映（ゆふばえ）がある。残紅がある。余光がある。薄明がある。独逸語には、Abendröteがあり、ゆふべのDä-mmerungがあって、ゲーテでもニイチェあたりでも、実に気持よく使ってゐる。これを日本語に移す場合に、やまと言葉などにいいのが無いだらうか。そして、夕あかり。うすあかり。なごりのひかり。消のこるひかりなど、いろいろ頭のなかで並べたことなどもあった。欧羅巴（ヨーロッパ）の夏の夕の余光はいつでも残ってゐた。

夕日に向って街路を歩く茂吉の、歌人としての習性がここに掻間（かいま）見えている。茂吉は一首の歌を作る場合にも、その一語一語に苦心する。言語のリズムを此上なく大事にするからである。「夕映」

「残光」「余光」「薄明」……それらの語の連なりに、歌人茂吉の姿が浮ぶ。そういえば茂吉の歌に、

かくのごとき月にむかへれば極まりて
一首の歌もいのちとぞ思ふ

というのがあった。つきつめた挙向の果てに成し得た一首の歌。それはたかだか三十一文字の短小詩形のものであるとは言え、しかし「己の分身のやうにいとほしい」と、茂吉は何かに書いていた。

「独逸語には、Abendröte があり、ゆふべの Dämme rung があって、ゲーテでもニイチェあたりでも、実に気持よく使ってゐる。これを日本語に移す場合に、やまと言葉などにいいのが無いだらうか。」……茂吉は医者だから、ドイツ語にも通暁している。（私自身はドイツ語など、とても読めないのだが）そのドイツ語も、医者としてのドイツ語の修得を超えて、文学的なことばのひびきにまで及んでいるのがおもしろい。それはもはや言語の辞書的な意味合いの領域を超えて、そこに詩を感じさせるほどのものであるといってもいいかも知れない。そして最後には「欧羅巴の夏の夕の余光はいつまでも残ってゐた。」（傍点引用者）に落ちつく。えらびぬかれた言語のひびきが、この「余光」ということばにもこめられている。それはまた、まぎれもなく漢語のもつ豊かで重厚なことばのひびきでもある。

この「接物」という文章は、一九二五年（大正十四年）に書かれている。この後につづく記述の

中には、「いまやってゐる僕の脳髄病理の為事(しごと)も、前途まだまだ遠いやうな気がする。まだ序論にも這入らないやうな気がする」とあり、それにつづけて、作者の脳裏にさまざまな生活の写象が思い浮ぶことになる。

きのふの午後に見た本屋の蔵庫にあるあの心理の雑誌は、いくばくに値切るべきであらうか。あの続きを揃へようとせばライプチヒに註文して貰へばいい、日本にゐる童子は、学校で遊び友だちは殆どないといふ妻からの便りがあった。が、己(おれ)に似たのかも知れん。云々である。写象は起って忽(たちま)ち過ぎ去った。実は千万無量の写象である。

華やかに見える留学生も、その実は寂しい生活の影をひめて、街路を歩きながら、脳裏に浮ぶ生活の写象が写し出される。淡々と書きしるしてはいるが、その自分の生活の写象も、「実は千万無量の写象である」として結ばれる。その淡々とした書きぶりの中に、茂吉独得の寂しいユーモアがにじみ出ている。——ユーモアの語に「寂しい」を冠せたのは茂吉だった。茂吉はゴッホのあの傷ましい絵にも、「寂しいユーモア」見出している。——私はそうした茂吉の文章をしみじみとした思いで読んだ。

「僕はすでに長い長いGurtel街をとほり過ぎようとしてゐた。ゆふべの余光が消え難いと謂(い)っても、もうおのづから闇のいろが漂ってゐる。」その長い長い街路で、「暗緑の広葉で埋ってゐる」香柏樹(こうはくじゅ)の並木に「アムゼル鳥の朗らかなこゑ」が「ときどき夕の空気を顫動(せんどう)させてゐる」のを耳にしながら、その歩道のところどころに据えられたベンチにむらがる、老若の貧しき人々の群れに出会う。不況によって職を失い、たまさかの憩いを求める人々の群れ。それにつづく記述には、その頃「墺太利（オーストリー）の貨幣の為替相場はそのあたりはぐんぐん下って行った。」とある。生活の眼は庶民の生活をみつめる眼でもある。日本でも外国でもそれは同じことであるのに違いない。その不況の波は、その頃遠く日本に及んだはずである。歌人としての茂吉の眼は、単なる花鳥諷詠の世界にあそぶもののの眼ではなかった。

街路を歩む作者の歩みはなおつづく。その長い長い街路の果ての夕暮の中で、長い間うちつづく「接吻」の光景を目のあたりにすることになる。寂しい思いをかかえて道を歩む日本人留学生の目に、それは一種異様な姿として映りながら、その光景の凝視の末にしだいに高まる或る種の感動が、その光景とともに書きしるされる。

そこの歩道に、ひとりの男とひとりの女が接吻してゐた。
男はひょろ高く、痩せて居って、髪は蓬々（ぼうぼう）としてゐる。身には実にひどい服を纏ひゐる。うつむき加減になって、右の手を女の左の肩のところから、それから左手は女の腰のへんをしっかりとおさへて立ってゐる。口ひげが少し延びて、あをざめた顔をしてゐるのが少し見えた。女はのびあがって、両手を男の頭のところにかけて、そして接吻をしてゐる。女は古びた帽子をかぶってゐる。それゆゑ、女の面相は想像だもすることは難い。

僕は夕闇のなかにこの光景を見て、一種異様なものに逢着したと思った、（――私（引用者）は何とかしてところどころ省いたりして、この記述の部分の引用を簡略なものにしたいのだが、どうしてもそれができない。こういう文章には一貫して流れるリズムがあるからなのだ。）そこで僕は、少し行き過ぎてから、一たび其をかへり見た。男は身じろぎもせずに突立ってゐる。やや行って二たびかへりみた。男女はやはり如是（にょぜ）である。僕は稍（やや）不安になって来たけれども、これは気を落付けなければならぬと思って、少し後戻りをして、香柏の木かげに身をよせて立ってその接吻を見てゐた。その接吻は実にいつまでもつづいた。一時間あまりも経ったころ、僕はふと木かげから身を起して、いそぎ足で其処を去った。

ながいなあ。実にながいなあ。

かう僕は独語した。

そのあと、居酒屋で麦酒を飲み、絵入新聞を読み、日記をつけて、假寓（かぐう）に帰り、寝床にもぐりこみながらも、その独語はつづく。

僕は假寓にかへって来て、床のなかにもぐり込んだ。そして、気がしづまると、今日はいいものを見た。あれはどうもいいと思ったのである。

私たちの幼い頃は、いわゆる「男女六歳にして席を同じゅうせず」といわれた時代だった。だから私なども小学校三年からあとは男子だけの教室だった。中学生やその上になっても、男女の関係になる小説などを読むことは大ぴらにできることではなかった。芥川を読むのも、志賀直哉を読むのも——、あの鷗外でさえ『ヰタ・セクスァリス』を書いている——およそ小説と名のつくものは、家人や教師に知られずに、こっそり読むのが普通だった。茂吉の処女歌集『赤光』なども、そこに大胆な男女の相克があって、夢中になりながらも、何か気がひける所があって、ひそかな読書の喜びを私は感じたりしていたものだった。

しかしそのひそかな読書の中でも、とりわけ茂吉の書く文章を読むことは、私にとって喜び多いものだった。茂吉の書く文章は堂々としている。そこに生活的な強さがある。ある時は非常に潔癖に、ある時は学校で習う道徳律などとは反対に、女性に対する真率なあこがれを私につたえてくれもした。この「接吻」の文章などもはじめは好奇心で見ていたものが、男女相愛のほんとうの人間の姿にしだいに感動していく茂吉の心のうごきがあざやかに描かれている。そこに卑猥なひびきは少しもない。貧しい生活の中でも、人間として相共に生きようとするヨーロッパの男女に対するさわやかな理解の中に、茂吉独特のユーモアがあり、そのユーモアが文章のはしばしに滲み出ている。或る種の観念に汚されないリアリズムの眼とは、そういうものなのであるだろう。

「接吻」の文章はこのあともなおつづいて、エジプトのカイロ博物館で、王が児を抱いて接吻をする石の彫刻を見た時の感動、ヴェネチアで、キリスト一代の事蹟を描いたジオットの壁画の中に、二つの接吻図を見た時の感動が書かれている。そしてその終りのほうで茂吉は「ジオットの単純で古雅で佳麗（かれい）で確かな技倆は、接吻の図においてもその特徴を失わない。聖アンナの接吻図などは実に高い気品を有ってゐると僕はおもふ。それのみではない。彼の四人の女の微笑をば、僕は日本国君子（「大日本帝国」ではない。今の日本の国の称号である。――堀沢注）に伝へたいと思った。」

と書きしるしている。

今はやりの日本の性教育なども、単なる性知識の伝達に終始しているのでは、児戯に等しいものといえるだろう。性教育なども、人が人を愛するということの根本に立ってのものであってほしいとねがうのは、私一人だけのねがいであろうかと、ふと思うことがある。

（一九八六年十二月）

②文章に立ち向う気魄――「簡潔」ということ――

昨年十二月二十八日の『折々のうた』（朝日新聞）は、野沢凡兆「ながながと川一筋や雪の原」の俳句だった。凡兆は芭蕉門下の逸材として知られている。「市中(まちなか)はもののにほひや夏の月」などで、有名な俳人だが、『折々のうた』に引かれたこの句は、教科書などにも載せられているほどに有名な句だ。授業でも扱ったことがあり、いい句だな、という思いは以前から私の胸の中にあった。この句自体もすぐれたものだが、この句とともに、大岡信氏の解説文が私の心をひいた。

間を置かず毎日連載されているこの『折々のうた』は第一面のコラム欄だからか、その解説文も原稿紙にして、わずか一八〇字ほどの極く極く短い文章に過ぎない。しかし、その短い文章の切れ味の良さに、私はいつも心をひかれていた。切れ味の良さはまた詩人の文章そのものでもある。この日の凡兆の句につけられた解説文も、豊かな内容のこもった、美事な文章だった。

『猿蓑』所収。俳句を専業としてはいない立場の人間からすると、俳句がいかにわずかな材料で成り立ちうるものであるかについて、驚かずにはいられない時がある。江戸時代俳人中、風景把握にかけては抜群の名手だった凡兆のこの句なども、その一例である。今も昔も詩歌作者は語に語を重ねる誘惑に抗することが難しい。しかし詩作にあっては、いつも引き算の技術が秘密の鍵を握っている。

傍点は私が打った。われわれだったら「簡潔に」という所を、大岡氏は「引き算の技術」と言っている。そこの所にハッとする思いを私は持った。キザな言い方だが、「言い得て妙だな」そういう思いを持った。子どもに作文（綴方）を書かせて、その作文を読んだあとに書き入れる赤ペン（評語）に、私たちは不用意に「短かく簡潔に書けている」と書いたりすることがよくある。教材に志賀直哉の作品などがあると、教案に「簡潔な文章を読みとる力を養う」などと書いたりもする。しかし「簡潔に」ということは、子どもにも教師にも、ほんとうにはわかっていない。わかりにくいのだ。

「引き算の技術」は、言ってみれば比喩なのだろうが、よくわかる言葉だ。いっさいの無駄や虚飾を取り去って、そこに残された純粋なものだけが答として文の上に残る。そこから文章の内容がくっきりと浮びあがってくる。冗漫な文章ではそれができない。

ながながと川一筋や雪の原

いっさいの複雑な景を排した単純な形象の中に、作者の詠歎がこもる。簡潔とはこういうことなのだということが明らかにつたわって、この句の良さをしみじみと思いみることができた。絵画表現に通じる短小詩型の良さもまたそこにある。

×　×　×

例年出される群馬作文の会の年刊児童生徒（今年の文詩集の表題には、どういうわけか「生徒」の文字がぬけている。）文詩集『ぐんまの子ども』（八六年版）に、木村次郎さんがひさしぶりに詩の選評を書かれた。木村さんはここ数年、毎回『ぐんまの子ども』の作品評を書かれていたが、最近は体調が思わしくなく、入退院をくりかえす日々だ。そのため、ここ二、三年選評を休まれたが、八六年版に久しぶりに筆をとられた。木村さんの書く文章はいつも簡潔だ。今度の選評も原稿用紙にして二、三枚程度のものだろう。いつの時もそうだが、その選評の文章に少しも無駄がない。そこに原稿用紙にむかう木村さんの気魄が見える。

今度の選評を読むうち、その書き出しから四行を読んで五行目に至る所に挿入された、カッコでくくられた文章に目がとまって、私はハッとした。

（——ここで書いて十数日の日時がたつ。体の調子悪し。）

木村さんはことばのリアリティーを此上なく大事にする。体調の良い時でも、決して書き流しをするようなことはしない。病をおして書きはじめたものの、そのはじめの四行にまできて、これまでのように入退院をくりかえされたのであろう。十日経て、稿はそのあとを書きつがれて、その分が二十五行ほどになっている。そのようにして書きつがれた文章もまた、簡潔で深い内容がこもっている。子どもの書いた作文や詩を読みとる木村さんの読みの適確さは、ことばのリアリティーに触れて、図式的・形式的な読み方を寄せつけない。

「……客観主義ではないけど、客観主義を思わせるほどの追求がうし君の『二年四組』（大前学級）を生みだした。みごとなリアリズムであり、異化手法だ。異化なんて言わなくても、子どもはしばしばこういう発想をすることがある。それはまたしばしば空想的発想が多い。『二年四組』のリアリティーはまさに想像力による。ここまできたら現在形で書くことがさらに必要なのではないか。(中略)現在形のもつ思想。そのダイナミズムと行動力は生命力を生き生きさせる。(後略)」

簡素に文章を書くという行為は、書き手が文章と対時(たいじ)する気魄なのだ。その気魄が凝縮した時、簡潔な文章は生まれる。選評とはいえ、冗慢さの全くないこの文章に、私は詩人の文章を見る思いがする。

先に引用したカッコで挿入された一行は木村さんの闘病生活の叫びなのにちがいない。その時ふと、正岡子規のあの病床日録を私は思い浮べたりもしたのだった。

(一九八七年二月)

③文章表現に見る生活の深まり
――単文からより複雑な文へ――小学校低学年

今年二月十日発行の文集『いきいきNO・68』（利根西小二年・中島三枝先生指導）を読んだ。この号には「冬休みの詩から」という表題で、次のような子どもの詩が載せられていた。

こばやしかんじ

ぼくがのんびりおふろにはいっていたら
雪がふっている外でおとうさんが
「かんじ　おゆのすいどうにホースをいれて
おゆをだしてくれ」
といった。
ぼくはホースをすいどうにいれて、
おゆをジャージャーだした。
おとうさんは

「ありがとう」といって
セメントをいれるはこを
ゴシゴシ、ジャージャーとあらった。
ぼくはのんびりしているのに
おとうさんは外にいて
いっしょうけんめいにやってると思った。
ほんとにえらいなあ。

かんじ君は温泉旅館の子だ。この日は休みだから、学校はない。昼間から客のいない温泉に、のんびりと浸っていたのだろう。温泉だから、風呂へはいつでも、入りたい時に入ることができる。そんな時に、学校にいてはわからない父親の生活をとらえた。文章にも父親に対するやさしい思いがこもって、思わずほおえまされる話だ。作品の後につけられた指導語にも「はたらいているお父さんをあたたかくやさしく思っている心がでている」と書き添えられている。

すずめ　にしやまやすえ

外に出て木をみていたら
すずめがいた。
えだがいっぱいある木にいた。

七ひきぐらいかたまっていた。
さむいからみんながかたまっているんだ、
と思った。
一わ
なぜかかたまっているみんなから
ちっとはなれた。
わたしはどうしたのかなと思った。
そのときわたしがちょこちょこあるいたから
びっくりしてにげたんだなあと思った。
すずめはちっとの音でもきいていて
てきだあと思うんだな
一わがとんでったから
あとの一わ一わが
「まってー」てゆってるみたいに
とびさっていった。

担任の中島さんの話によると、この詩の作者のやすえちゃんの母は、妹と二人姉妹の子どもを残して、実家へ帰ったという家庭のいさかいを幼い一身に受けながら、でもやすえちゃんは学校ではそんな素振りも見せずに、多くの友だちとのあそびの輪に喜々として入っているという。そんな子どもの眼が、ふと冬木の枝に身を寄せ合うようにしてかたまっている、すずめの集団のほうへいったのだろう。「えだがいっぱいある木にいた。／七ひきぐらいかたまっていた」という文に、ふだんは見せないこの子どもの、ある寂しい心のかげが見えて、単なる事実とは思えない、一つの心象風景ともなっている。

きょうそう　　ほしのりゅうじ

おかあさんが道ろのところで
「ようい　どん」ていった。
おかあさんが走っていったから
きょうそうだと思って
走った。
ピューピュー走って
おかあさんをおいのこした。
・つぎ・つ・ぎ・一・メ・ー・ト・ル・二・メ・ー・ト・ル・は・な・れ・て・い・っ・た。
ゆきが顔にぶつかった。
おかあさんは自分で「ようい　どん」てゆったくせに
あるいていた。

うしろをみたら
十メートルくらいはなれていた。

おつかいに母と子で出かけた時のことだろうか。寒さを追いのけようとしてる母を追う子どもの姿。そこに母と子のあかるいつながりが見える。「つぎつぎ一メートル、二メートルってはなれていった」の文に、自分自身の成長を喜ぶ子どもの姿が見えてほおえましい。

どの詩にも、子どもの素直でやさしい思いがこもって、いい詩だな、と思いながら私は読んだ。一つ一つの文に、二年生とも思えないほどの豊かな感情が息づいている。

引用した作品の中の圏点は私がつけた。圏点をつけたのはほかでもない。この子どもたちがこれまでに書いてきた作文や詩とくらべると、その文体にちがいのあるのに気づいたからだ。

これまでに中島さんの教室から出されてきた子どもの作品は、どの子どもも素直に、あったことをあったとおりに、のびのびと書いているのだが、一つ一つの文が短かく（これは散文でも同じだった。）ほとんど一語文のつながりのような文体だった。最初にあげた詩を書いたこばやしかんじ君などは、時には原稿用紙にして三〇枚をこす長文の作文を書きつづっている。しかし、勢いにのってどんどん書き進むためか、一つ一つの文にこめられた形象（内容）は、意外にうすいものだった。それが文体そのものをも、軽い感じのものにしていたのは否めなかった。

かんじ君がこれまでに書いた詩や作文は数多いが、その中から一つだけ引かせてもらうと、例えば次のようなものだった。

　　　おふろあらい　　こばやしかんじ
ぼくが「おふろあらったん」といった。
おかあさんが
「あらってないから　かんじ　あらってくいる?」
だからスポンジにバスクリンをつけた。
中がわからやった。
ゴシゴシ、キュッキュー
たてよこたてよことやった。
またすこしすすんでスースーキュリキュリとやった。
そしたらおかあさんが
「かんじ　中だけでいいよう」といった。
おかあさんが
「早くやってへいびゃあ」といった。
だから早くゴシゴシキュッキュとやった。
またゴリゴリ力をいれてやった。
おわった。

だからゆすいだ。
おゆとボイラーであったためてはいった。
いいゆかげんだった。

これは前出の詩よりも一カ月ほど早い、一月十七日に出された文集に載っている。かんじ君はこのころ、毎日のように日記を書き、詩も作文もたくさん書いていたという。そのせいか、どの作品も勢いにのったようにスラスラと書いているのだが、この詩にも見られるように、一つ一つの文がポキポキと短かくその分、子どもらしいやわらかさがうすいように感じられるものだった。

しかし、こんど出された作品（二月十日）はちがう。今までだったら、圏点の所の文なども、この時の文に見られるように、「ぼくはおふろにはいっていた。／外は雪がふっていた。／おとうさんが／『かんじおゆのすいどうにホースいれて／おゆをだしてくれ』／といった／というふうに書きつづられたであろうが、しかし今度のはそうではない。単文が重文になっているというそのちがいが、文の中にこめられた形象（内容）をいっそう豊かなものにしている。そこに文章を書くことへの落ち着きも見える。単文が重文へ、あるいは修飾語などの入った、より複雑な文へという移行が見られ、その複雑になった分だけ、内容にも深味が増してきているのに気付く。それは冗慢な文章というのとはちがう。そこにより生活的な文体が生まれてきている。

（一九八七年二月）

④若々しい文章の魅力——芥川龍之介の手紙——

芥川全集は今も時折読み返してみる蔵書の一つだが、その全集の中の書簡集からも、私は少なからず影響を受けた。芥川龍之介の晩年は——といっても三十代だが——病苦に冒されていた頃だから、その時の斎藤茂吉の書簡などは、鬼気せまるほどに痛ましいものなのだが、しかし彼の若い頃の手紙などは、いかにも文章が闊達で、いきいきとしたものだった。旺盛な読書——これは伝説に近い実話だが、彼は東京から京都への車中（あの頃はおよそ八時間以上はかかったであろう）で千何百ページに及ぶ英文の洋書を読破したという。傍にいた下島勲という彼の主治医が、ほんとに読んだのかと疑ってかかると、彼は所々ページを開きながら、そこに書かれた内容を即座に応答したという。（芥川全集月報）——でたくわえられた知識と、芥川独自のエスプリにみちた話術が明るく、近代的で、その若々しい文章から、私は大いに敬発されたものだった。そこに彼のヒューマニズムを見る思いを持ったりもした。

先生

また手紙を書きます。嘸（さぞ）、この頃の暑さに、我々の長い手紙をお読みになるのは、御迷惑だらうと思ひますが、これも我々のやうな門下生を持った因果と御あきらめ下さい。

その代り、返事の心配には及びません。先生への手紙を書くと云ふ事がそれ自身、我々の満足なのですから。

これは大正五年、彼が大学を了える年の夏休みに、一か月ほど滞在した千葉一の宮から夏目漱石に宛てた長い手紙の書き出しである。この手紙は戦後、中学国語教科書に一度載ったことがある。ある意味で、世に知られた手紙ということになるだろうか。書き出しとはいえ、恩師宛のものとしてはいかにも物怯じしない、軽快な文章に心をひかれながら私は読んだ。

この書き出しのあと、「今日は我々のボヘミアンライフを、少し紹介します」とあって、同級の久米正雄等との滞在生活のようすが、いかにも明るく、軽快な文章で書きつがれている。

今居る所は、この家で別荘と称する十量と六畳と二間つづきのかけはなれた一棟ですが、女中はじめ我々以外の人間は、飯の時と夜、床をとる時との外はやって来ません。これが先（まず）、我々の生活を自由ならしめる第一の条件です。我々は、この別荘の天地に、ねまきもおきまきも一つで、ごろごろしてゐます。来る時は二人とも時計を忘れたので、何時に起きて何時に寝るのだか、我々にはさっぱりわかりません。何しろ太陽の高さで、略々（ほぼ）見当（けんとう）をつけるんですから。非常に「帳裡日月長（ちょうりにちげつながし）」と云ふ気がします。（以上、ルビは引用者）

この文章は光の「ボヘミアンライフ」の意味にあたるものだろう。「帳裡」の「帳」は「とばり」。「夜のとばり」などともいうから、その類なのだろうが、これにつづく文章中に「蚊帳」が出てくるから、「蚊帳のうち一日は長し」ぐらいの意味ととってもいい。一気に書いて、しかもつぎつぎと文章があふれ出る。そんなリズムが文章の中にあって、これを読む私の朗読——私は黙読も、文章のリズムを読むという意味で、朗読のうちに入ると思っている。——も、早口にスラスラと進む。はじめは長い手紙だぐらいに思っていたのだが、——何しろ、全集におさめられているこの手紙は、８ポの小さい活字で、ほぼ三ページをびっしりと埋めている。——文章の軽快なリズムにひきずられて、いつのまにか、その全部を読み終えていたのに気づいたりしたものだった。

軽快な文章といっても、他愛のないことを書いたのとはちがう。夜、やぶ蚊にせめられて閉口する生活、昼間「海へは、雨さへふってゐなければ、何事を措いてもはひります。」という遊泳に興じる生活。それらが、いかにも若者らしい、こだわりのない明るさで、綿々と書きつがれている。そこに若き日の芥川らしい知性のきらめいた文体があった。そこに私は心をひかれた。

黒の海水着に、赤や緑の頭巾をかぶった女の子が、水につかってゐるのはきれいです。彼等は、全身が歓喜のやうに、踊ったり、跳ねたりしてゐます。さうして、蟹が一つ這ってゐても、面白さうにころがって笑ひます。浜菊のさいてゐる砂丘と海とを背景にして、彼等の一人を、ワットマンへ画かうと云ふ計画があるんですが、まだ着手しません。画は、新思潮社同人中で、久米が一番早くはじめました。何でも大下藤次郎氏か三宅克己氏の弟子か何かになったのかも知れません。とにかくセザンヌの孫弟子位には、かけるさうです。同人の中には、まだ松岡も画をかきます。しかし、彼の画は、倒(さか)にして見ても横にして見ても、差支へないと云ふ特色がある位ですから、まあ私と五十歩百歩でせう。それでも二人とも、ピカソ位には行ってゐるという自信があります。

芥川の小説は、その一作一作が、それこそ彫心鏤骨(るこつ)の文章の末に成ったものといえるだろう。しかし、この手紙の文章は軽快で、そこに芥川独自の健康なエスプリが生きている。話すように書く、という明治以来の言文一致の体が昇華されて、そこに若々しい文章のリズムが流れてゐる。そして嫌味がない。土屋文明氏は万葉集の歌の評釈で、ほめことばとして「嫌味がない」という評を下すことがあるのだが、その「嫌味がない」ということも、大ざっぱな評のようでいて、決してそうではない。「嫌味がない」というのは、文章表現の上で、基本的に大事なことなのだからだ。

この長い手紙も、末尾にきて、

今日、チェホフの新しく英訳された短編をよんだのですが、あれは容易に軽蔑出来ません。あの位になるのも、一生の仕事なんでせう。ソログウプを私が大いに軽蔑したやうに、久米は書きましたが、私はそんなに軽蔑はしてゐません。ずいぶん頭の下るやうなパッセエヂも、たくさんあります。唯、ウェルズの短編だけは、軽蔑しました。あんな俗小説家が声名があるのなら、英国の文壇よりも、日本の文壇の方が進歩してゐさうな気がします。

とあり、そのしめくくりに、

我々は海岸で、運動をして、盛に飯を食ってゐるんですから、健康の心配は入りませんが、先生は、東京で暑いのに、小説を書いてお出でになるんですから、さうはゆきません。どうかお体を御大事になすって下さい。修善寺の御病気以来、実際、我々は、先生がねてお出でになると云ふと、ひやひやします。先生は少くとも我々ライズイングジェネレエションの為に、何時も御丈夫でなければいけません。これでやめます。

と書かれている。

これを読んだ当時、チェホフは私のまだ知らない作家だった。今でもまだ、その作品のほとんどを読んではいない。しかし、いつかは、チェホフを読みたいという気持ちは、芥川に敬発されて以来のものだ。むかし島小で、高学年の国語の教材にチェホフの短編を取り上げて、授業が行なわれていたことを知った時、斎藤喜博さんのするどさを思い、私もいつかは自分の授業に、という思いを持ったことがあった。

芥川のこの手紙のような文章は、早口で軽快に読むのがいいのだろう。音楽でいえばアレグロ。昔『未完成交響曲』という映画があった、あの中で、シューベルトが口の中で「アレグロモデラート……アンダンテコンモート……」などとつぶやく所があった。私の音楽の知識はそれくらいのものなのだが、それから言えば、芥川のこの手の文章などは、さしずめアレグロの旋律だといえるだろうか。そこから若々しい文章のリズムがつたわってくる。リズムは内容そのものなのだからだ。そのように読んで、はじめて、芥川のいう「ライズィングジェネレエション」という言葉が生きてくる。

そういえば、これをはじめて読んだ時の私などの世代も、いってみればライズィングジェネレーションの世代だった。

×　×　×

大正三年、芥川がまだ学生だった頃の、友人に宛てた年賀状に、つぎのようなハガキも見えている。

つつしみて新年を祝したてまつる
「危険なる洋書」をとぢて勅題の歌つかまつる御代のめでたさ
大正三年一月一日

「めでたさ」はもちろんアイロニーなのにちがいない。大正三年は第一次世界大戦の起こった年。明治末年の大逆事件を契機に、思想弾圧の嵐が吹きはじめていた時期にあたる。この歌は幾分戯画的な、即興の歌なのだろうが、――だから、重いリズムの歌ではないのだが――憲法改正や国家機密法などが画策されている、キナくさい今日的状況と似ている。そこに時代を見通す、敏感な芥川の姿を見てとることができる。

（一九八七年一月）

⑤ 時流におもねることなく教育の真実をつらぬく
——宮下久夫さんの退職——

今年三月で還暦を迎えることになった宮下久夫さんが、三十九年の教師生活を終えて、小学校を退職した。いわゆる定年退職である。これまで漢字教育や言語（「にっぽんご」）の授業などの仕事で、その活躍がめざましかっただけに、もうそんな年令なのかと、その退職を惜しむ思いがわく。

教師生活三十九年。宮下さんは最後まで教室を手放さずに、学級担任として、あるいは子どもたちに確かな学力をつけるための授業者として、教師の良心をつらぬきとおした。それは民主々義教育の基本が授業にこそあるという、実践者としての自覚にもとづくものだった。

子どもの事実に即して教育の仕事を営もうとする教師は、当然のことのように、その折々の教育政策や指導要領、教科書などの内包する矛盾にするどく立ち向かうことになる。そこに教育のリアリズムがあるからだ。教育の仕事は、学問や芸術、文化の諸成果を謙虚に、そして豊かにとらえ、そのとらえ得たものを内容とし、媒介として、子どもの全面的な発達をうながすところからはじまる。

宮下さんがその教師生活の歳月の大半を費やして打込んだ漢字教育の内容は、今日の国語政策の矛盾とするどく切りむすぶ実践的な内容を提示している。その成果が著書『お母さんの漢字教室』（刊々堂出版社）や『かんじれんしゅうノート』三冊分（やりもらいの会刊）として集大成された。日本作文の会の田宮輝夫氏は宮下さんの漢字教育の仕事にふれて、雑誌『作文と教育』（一九八七年四月号）の「国語ジャーナル」欄に次のように書いている。

最近の官制研究会などの漢字教育の動きからすれば、「たくさん漢字を教えれば多く覚える」という方向で「配当漢字」が見直される危険がある。国語・国字問題の逆行現象にそういうかたちで「見直し」がおこなわれるだろう。やみくもに漢字を覚えさせることが国語学力の基礎であるかの動きが、いまや、幼稚園・保育園にまでおよんでいる。それだけに、漢字指導とはなにかを問い直す必要がある。漢字を教えるということはどういうことか、漢字指導の系統とはなにかについて吟味しなおしてみる際、宮下さんの論文（注「漢字の授業」――『教育国語』85号所収）のことをぜひ胸におさめておく必要があるだろう。

「字形の学習をたて糸とすれば、よこ糸に、その漢字があらわす単語、それにくっつく文法の学習をからませていけば、漢字習得の定着率はたかまっていくにちがいない」と宮下さんはいう。

× × ×

今年、学年末もおしつまった二月二十七日に、宮下さんの最後の公開授業を見た。『にっぽんご

(5)』をテキストにした「発音とローマ字」の授業で、宮下さんの担任する六年生の教室だった。
言語（日本語）の発音指導は、従来、国語教育ではほとんど未開拓の分野だったといってよい。宮下さんが長年にわたって取組んできた漢字教育は、前記田宮輝夫氏の文章中にもあるように、漢字の字形だけを教えるといったものではない。したがって、言語の発音指導も、漢字指導の大切な要素の一つともなっていた。

この公開授業の指導案には、日本語の発音指導をとりあげる動機ともなった理由が、つぎのように書かれている。

宮下久夫先生

片品にいたとき、子どもたちから「オトンポ」というコトバを教わった。「オトンポ」というのは（からっぽ）、（がらんどう）というほどの意味である。「ピンポン玉があるべえ。あれがオトンポっちゅうだ。」子どもたちは口々にそんな言い方で説明してくれるのだった。あとで用務員のおばさんが「オトンポっちゅうんは、ウドのぼうのことだよ。ウドのぼうはなかがからっぽだから、『ウドのぼうのようだ』『ウドんぼのようだ』ちゅうんがオトンポになっただんべえ』と説明してくれた。

たまたま、その時はローマ字の学習をしていた時だったので、授業でつぎのように板書して、ことばの発音のゆれうつりを調べてみた。

udo no bô → udoñbô → utoñpo → otoñpo

この学習をしながら、この発音のゆれうつりが漢字の呉音と漢音の相違にそっくりなのに気づいて、ハッとしたのだった。

そして、そのあとに「① 母音のゆれ」「② 子音のゆれ（有声音と無声音）」「③ 長音と短音」「④ 同じ形が同じ音をあらわす」「⑥ 同じ形がちがう音をあらわす」「⑦ 方言と標準語のゆれ」というふうに、発音指導の授業展開が書き記されている。

うっかりすると発音指導は、標準語による方言の矯正指導のようなものになりかねない。方言を標準語に比して卑しい言語だとする認識が、これまでの教育観では常にはたらいていたからだ。そのような認識は、ただ一つの答を正答とするテスト教育などとも通い合うものだといえるだろう。

宮下さんの授業にはそれはない。宮下さんの授業案には、地域の人々の生活語である方言を子どもの生活の事実に即しながら、言語の発展の法則に照らしてとらえようとする、科学的な認識がいっぽん、まっすぐにとおっている。それはある意味で子どもの生活へのはげましであり、それが子どもたちの学習意欲を高めているのを見逃すことができない。破裂音、摩擦音、破裂摩擦音などの実際を教えるために使われた舌先の動く口蓋図の教具なども、授業の内容に即して造られた自作の教具で、それが授業を具体的でわかりやすいものにもしていた。こうした自作の教具にも、今はやりのいわゆる教育機器などには見られない教育器具としての機能の本質が見えていた。

授業の後の検討会での討論も、ローマ字による発音指導の実際に即して、授業の内容を更に掘り下げたものとなった。言語教育の内容も、その研究を堀下げれば堀下げるほどに奥ふかいものとなる。検討会の中で宮下さんの研究の蘊蓄(うんちく)の深さを指摘された大浦先生のことばが、そのことを端的に言い当てていた。

× × ×

四月一日、例年のように出される教職員人事の異動を新聞辞令で見た。私自身は退職後すでに四年を経ているから、そうしたことへの関心もうすらいでいるのだが、しかし今の学校職場の状況がそこにも見えて、ある感慨がわかないでもない。

最近の教職員人事の異動は、戦乱時代の論功行賞に似ている。主君に忠勤をはげむ武士が出世を約束されたり、逆臣と思われていた武将がいつのまにか寝返って、その功績によって多大の恩賞に浴したりという封建時代のあの仕組みを思い出させたりもする。「〇〇氏もいつのまにか管理職に……」むかし組合やサークルの仲間だった教師についてのそんな発見が、このところ組織率低下の著しい組合の状況と結びついて、学校現場での民主的な職場づくりのきびしさが思いうかぶ。

宮下さんの退職はもちろん管理職の登用とはかかわりはない。宮下さんの教師生活には時流におもねることのない、淡々とした生活の姿勢がつらぬかれていた。宮下さんの退職を機に、宮下さん自身も愛読したという、森鷗外の『澁江抽斎』を私は思い起こした。

三十七年如一瞬。学医伝業薄才伸。栄枯窮達任天命。安楽換銭不患貧。これは澁江抽斎の述誌の詩である。想ふに天保十二年の暮に作ったものであろう。（中略）抽斎は詩に貧を説いてゐる。（略）此詩を瞥見すれば、抽斎は其貧に安んじて、自家の材能を父祖伝来の医業の上に施してゐたかとも思はれよう。しかし私は抽斎の不平が二十八字の底に隠されてあるのを見ずにはゐられない。試みに看るが好い。一瞬の如くに過ぎ去った四十年足らずの月日を顧みた第一句は、第二の薄才伸を似って妥に承けられる筈がない。伸ると云ふのは反語でなくてはならない。老驥櫪に伏すれども、志千里に在りと云ふ意が此中に蔵せられてゐる。

第三も亦同じ事である。作者は天命に任せるとは云ってゐるが、意を栄達に絶ってゐるのではなささうである。さて第四に至って、作者は其貧を患へずに、安楽を得てゐると云ってゐる。これも反語であらうか。いやさうではない。久しく修養を積んで、内に恃む所のある作者は、身を困苦の中に屈してゐて、志は未だ伸びないでもそこに安楽を得てゐたのであらう。

「澁江抽斎」はある意味で伝記ともいえるものだが、しかし同時に鷗外の書いた数多い歴史小説の中でも最もすぐれた作品といえるものだった。

芸術の認める価値は因襲を破る所にある。因襲の圏内にうろついてゐる作は凡作である。因襲の目で芸術を見ればあらゆる芸術は危険に見える。

学問だって同じ事である。学問も因襲を破って進んで行く。一国の一時代の風尚に肘(ひじ)を掣せられてゐては学問は死ぬる。

この文章は鷗外の『沈黙の塔』からぬいた。この『沈黙の塔』が書かれた一九一〇（明治四三）年は大逆事件の起った年であり、それを契機に官憲による社会主義者への弾圧がきわめて広範囲にわたっておこなわれた年でもある。鷗外のこの『沈黙の塔』は、その年、雑誌『三田文学』に掲載された。天皇制下の軍医であった鷗外といえども、ただ沈黙していたのではなかった。この『沈黙の塔』は、官憲による弾圧がいかに芸術や学問を頽廃にみちびくかを説いた。ある意味で警世の文章といってもいいものだった。

「澁江抽斎」の文章も、この「沈黙の塔」の文章も、どちらも名文なのにちがいない。読むほどにずっしりとつたわる重厚なリズムがあるからだ。リズムは生活そのものであって、この二つの文章と宮下さんの教師生活とを重ね合わせることができたのは、私にとってすがすがしい思いともいえるものだった。

（一九八七年四月）

⑥ 最終回 ――茂吉随筆の魅力（其二）――

遥かなるドナウ――滞欧随筆「ドナウ源流行」を読む――

私が今も時折読み返すことをたのしみにしている随筆に、斎藤茂吉の『ドナウ源流行』がある。ドナウ河は海外旅行などしたことのない私にとって、勿論実際には見たことのないヨーロッパを流れる大河だが、私などの手の届く所でないという思いがいつも胸の中にあって、そのためまだ一度も行ってみたいという気を起こしたことはない。実際に見たことのない私は、ヨハン・シュトラウスの『美しく青きドナウ』の甘美な曲に寄せる思いで、現実のドナウを思い浮べていた。一度は行ってみたいものだと思う気持ちもないではなかった。しかしこの茂吉の『ドナウ源流行』に心を充たされて、それゆえに「行ってみたいものだ」という思いも、そう切実なものにならずにすんだ。古今にたぐいまれな有数の歌人斎藤茂吉は散文の上でも、したたかな文章家だった。

× × ×

『ドナウ源流行』は「この息もつかず流れてゐる大河は、どのへんから出て来てゐるであらうかと思ったことがある。維也納生れの碧眼の処女とふたりで旅をして、ふたりして此の大河の流を見てゐた時である。それは晩春の午後であった。」という書き出しではじまっている。「碧眼の処女とふたりで旅をして」などという所で、私などははやくもわくわくしたものだった。
歌の上で「自然・自己一元の生を写す」ことをその根本に据えた茂吉の散文は、その源流をさぐるためにドナウ河をさかのぼる中でも、随所でその凝視の深さを文章の上に托している。

「Offingen（オウフィンゲン）駅を過ぎた頃、そのあたり一面は落葉樹林で、まだ伐木が盛にしてある。土手には菫（すみれ）が沢山咲いてゐる。そこの小流の河には菖蒲のやうな草がもう萌えてゐる。それから、川柳の背の高いのがそのあたり一帯にあって花はもう盛（さかり）を過ぎてほほけてゐる。僕は『これは何かの流に近くなって来たのだな』とおもった。もう少し行くと、果してドナウが直ぐ傍を流れてゐた。僕は心のはずむのをおぼえた。川柳の群生を透して、ドナウは稍水嵩（ややみずかさ）が増して、岸を浸（ひた）さんばかりになって流れてゐるのが見える。即ち『充満』の気魄である。汽車は暫らくドナウに沿うて走った。」

「『充満』の気魄」という主観語も茂吉の筆にかかると、生きとし生けるものへの息吹きがその内容にこめられて、いきいきと美しい漢語のひびきをつたえてくる。私はこういう硬派の文章が好きだ。

「ドナウの水は此処は可なり急流になってゐる。汀に立って岸の草を浸すところを見てゐると、ドナウも平凡で、直ぐ対岸に渡れさうでもある。ただ川上から流れて来る水が、川下の方へ稍低くなって行き、そこに瀬を作り、瀬が鳴って二たび川下の方へ流れて行ってしまふところまで一気に見ると、ここのドナウもやはり犯し難いところがあった。」

ドナウの源流をさかのぼる道のりは遠い。しかしわれわれにとって神秘なドナウの様相も、「そこに瀬を作り、瀬が鳴って二たび川下の方へ流れ」ていく川瀬の音のひびきとともに、手にとるように見えてくる。この先どのような光景が見られるか、そんな思いにかられて、読みたどる興味は失せることがない。「やはり犯し難い」というのも茂吉独自の主観だが、これもそれが無理なくつたわってくる客観的な内容を持った文章となっている。

「今しがた僕が汀に立ったドナウが遥か下の方に小さくなって見えてゐる。その岸を歩く童子などは胡麻粒の様だ。けれども今度はドナウが婉々として国土を限ってながれて居るありさまが見える。北方はウィルテンベルクであり、南方はバイエルンである。かくの如く国を限ったドナウが西方にだんだん細くなって行くのを僕は見てゐる。僕の振りさける国は一帯の平原であるが、平原に村落があり、丘陵が起伏し、森林の断続がある。そこをドナウはゆるくうねり、銀いろに光って流れてゐる。そのながれが遠く春の陽炎のなかに没せむとして、絹糸の如くに見えてゐる。」

「振りさける」という語は茂吉のよくつかう歌語だが、その歌語も散文の中によく調和して、散文でありながら、茂吉の歌の自然詠のように重厚で質実なひびきをつたえている。「そのながれが遠く陽炎のなかに没せむとして、絹糸の如くに見えてゐる。」という一文などは、それだけでも茂吉の自然詠一首を思わせて、華麗で美しい文章のリズムをつたえている。……　ドナウの流れは長い。その源流はまだまだ先にあるのだが、さかのぼってきた作者の眼にここから見えるドナウの流れは河口に向って幾つかの国境を越えつつ、次第に水嵩を増しながら悠々と流れていく。

「東方のドナウもつひに国土のなかに没した。僕は目金を拭いてなほ東方のドナウを見た。ドナウは、此処で Iller と合してゐる。この川は南バイエルンのアルゴイ山中から発するものである。次いで、Lech を合する。Lech も南バイエルンのアルプス山系に源を発し、その道に Augsbrg の市がある。それから東の方に辿ると Isar が合する。Isar も亦遠く南方の山中から出て来て北へ流れ民顕を通って道を東北にとり遂にドナウと合するので、その口に Deggendorf の町がある。それから墺太利の境に来て、Inn が合する。Inn は南バイエルンと境する墺太利の山中に発し、東へ流れ又北へ流れて独逸に入り、Salzach と合して遂にドナウに灌ぐのである。灌ぐところに Passau の町がある」（中略）「ドナウが墺太利に入り東に流れて匈牙利に入る。その岸に、Linz があり、Wien があり、Budapest がある。Budapest 以後は、急に道を南方に取り、バルカンの諸国を貫いて、遂に黒海に入るのである。ドナウの流れるバルカンには、セルポ・クロアト・スローヹンがある。ルーマニアがある。ブルガリアがある。」

文章を読む上でだけの旅行者である私は、この茂吉の文章をあたかも地図を見るような思いで読んだ。地図を見るような思いで、と言っても、しかしどのように精緻に描かれた地図でも、地図の上の記号のような地名、国名は、この文章の中に書かれた地名や国名とはそこから受ける響がちがう。この文章の中の地名や国名には、或るなつかしさを含む言語のひびきがある。バルカン諸国・ルーマニア、ブルガリア……。それらの地名、国名にはその土地その土地の歴史的な生活がある。私の脳裏には第一次大戦をくぐりぬけたそれらの国々の生活の歴史が刻まれている。国名ばかりではない。イサールという川も茂吉の歌の「大正十二年（西暦一九二三年）九月二十三日（日曜）イサール河八首」にも詠まれて、その中の

　　はるかなる国とおもふに狭間(はざま)には木精(こだま)おこしてゐる童子あり（歌集『遍歴』）

などに、今もなつかしくふくよかなリズムをつたえている。

「僕は午後四時二五分発の汽車に乗ってウルムを立って西へ向った。」その汽車の中でも、ドナウへの凝視はなおつづく。五時半、Ehingen(エーヒンゲン)駅についたところに、「『ははあ、だいぶ細くなってきたな』かうおもひながら、暫く流を見てゐる。」という記述が見える。ドナウの源流はまだまだ遠い。「汽車は、川に離れたり近づいたりして走った。川が見え出すと、『だいぶ細くなってきたな』いつも僕はさう思った。けれどもそれにはやはり錯誤があった。川が崖に沿うて走るやうになり、長い巌壁からなる狭の鉄橋を渡った時、ドナウが依然としてさう細くなってはゐなかった」からであ

る。

『ドナウ源流行』はこの先でも、ドナウをめぐる自然とその息吹きをつたえた美しい文章を残しながら、ついに源流近くにまでたどりつく。そこから先にある源流はもはや指呼の間にある。そこで茂吉はおもむろに地図を取り出して凝視する。

「汽車は午後四時二〇分に此処を発した。日は未ださう傾いてはゐない。汽車のなかで僕は幽かに婬欲のきざすのを感じた。僕は虫目金を出して地図で川の源の方へ辿って行った。川は森と森の間の平地を縫うて、Villingen(ウィルリンゲン)の町に着く。そこまではあのやうに銀いろをした静寂な川に違ひない。そこからは森と森の間が狭くなって、谿をなしてゐる。そこをGropper(グロッペル)の谿と名づける。川はそこを流れてゐる。そこからもっと川上へ辿って行くと、川は西の方へ緩(ゆる)く曲って、遂に無くなってしまふ。そこはブリガッハの森である。そこから水が出てくるのであった。」

虫目金を出して地図を見る。その凝視の豊かさも茂吉に独自なものだ。虫目金を片手に地図をたどる茂吉の姿が目に浮ぶ。そこに描き出された景観は、あたかも自然そのものの景観をまのあたりに見るようでもある。「幽かに淫欲のきざすのを感じた。」と書かれてはいても、茂吉自身の性癖は自然の景観の中に没して、そこにみだらがましいひびきはない。茂吉は滞欧中の生活の中で、「山の雪にひと夜寝たりき純全(またぎ)にも限りありてふことも悲しく」という歌ものこしている。

『ドナウ源流行』はここからまたもと来た道を折返して帰途につくことになる。「汽車はドナウに沿うて走り、イムメンヂンゲン駅までは元来た同じ道を戻」りながら、先に見た風物をもう一度見直すことになる。トンネルをぬけ、落葉樹林をくぐり、南方の平野に沿ってひた走る汽車の中で、その自然の風物や生活のありさまをみつめながら、長い旅程を終えたあとのさまざまな感慨がわく。

「午後五時四〇分に、汽車はEngen駅に着いた。Gottingen-Tubingenなどは名ある都市だが、日本の留学生は、「月沈原」などといふ字を当てて寂しい心を遣ったものである。さういふ特有の音を持ってゐる町村はドナウの源流あたりを中心にしてなかなか多い。ドナウエシンゲンを始めとして、ツットリンゲンといふのがある。リプチンゲン。ハッチンゲン。ウルムリンゲン。シグマリンゲン。ウィリンゲン。ヅンニンゲン。メッチンゲン。テッチンゲンといふのがある。それから東北の方の道筋には、ブリンゲン。トロホテルフィンゲン。コムメルチンゲン。インネリンゲン。ミュンジンゲン。ライヒンゲンなどといふ都邑がある。かういふ都邑の名称も旅人の僕の興味をひいた。何となく素朴で、『黒林』の情調とドナウののろい流の趣とに、この撥音が却って旨く当嵌まるやうな気がしたのであった。」

町や村の名称にも旅愁を感じる心は詩人の心でもあるだろう。ドイツ語に昏い私のような者にも

「『黒林』の情調とドナウののろい流」の形象とともに、ドイツ語の重くそして明るい言語のひびきが心にしみるようにつたわってくる。……ゲン……ゲン。……ゲン。それにまた奥ふかい自然の中を通う汽車の物寂びた車輪の音のようでさえもある。

××

『ドナウ源流行』は茂吉の数ある「滞欧随筆」の中でも、最もすぐれたものといえるだろう。故国を離れて異国に生活する者の旅愁の思いが全篇に流れている。

この『ドナウ源流行』の中には、身にしみるほどに美しい文章がまだまだある。私は、随筆にしては長文のこの作品を読み終ったあとも、なおこれを手放さずに、前に立ち返っては幾個所かを低声で、つぶやくようにしては読み返した。

「……月光は流れるやうに、谷間を照らしてゐる。汽車が駅に着くと、若者は山上を指(ゆび)さして呉れた。そして慇懃(いんぎん)に会釈(えしゃく)し、僕の手を強く握って降りて行った。そこから僕はひとりになった。そしてしばらく窓をあけて月光を見た。

僕は山上の孤児院のことを思ひ、そこに勤めてゐる若い女（注・前出青年の姉）のことを思った。遥々留学して来て以来、月光のこのやうに身に沁みたことは、今までになかった。業房(ぎょうぼう)に閉ぢ篭もって根をつめて居たせいもあらうが、月光を顧(かえり)みたことなどはつひぞなかった。然るに今夜は不思議にも、生れ故郷の月を見るやうな気がしてならない。この月に照らされてゐるドナウがうねりながら遥か向うに見えなくなるのを見てゐると、目に涙のにじんで来るやうな気がした。僕は〝Tiefsten Ruhens Glück besiegellnd herrscht des Mo-des volle Placht〟のところのファウストの句・『いと深き甘寝の幸を護りて、月のまたき光華は上にいませり』を思い出してゐた。」

ドイツ語は私には読めない。低声はそこでしばらく止む。ドイツ語は心の中に入れて、つぶやくような読みはなおつづく。……

旅愁といっても、それは単なる旅行者の感傷とはちがう。留学を志して異国の地に生活の根を下ろそうとする者のいきいきとした生活の眼がいっぽん、まっすぐにとおっている。それがこのしみじみと心の通う文章を生みだしたのだと思われて、おのずと自分自身の生活を省みる心がわいたものだった。

〈付記〉

この文章は昨年三月、沢浦（旧姓）ふみ江さんの結婚記念文集に書いたものを、転載させてもらいました。ご諒承を。

・なお「続・子どもをみつめる眼をより深めるために」のこの連載も、この号で終ります。「正・続」合わせて四十二回。どなたか、そろそろ代って書いてくれるといいなあ、と思っていたところでした。

次号からは、この三月に退職された宮下久夫さんがバトンタッチしてくれることになりました。ユニイクな教育論をこめた宮下さんの教師生活の歴史が書きつがれていくことでしょう。たのしみです。

（堀沢）

あとがき

堀沢敏雄は、すでに、『綴方の中の子ども』（新評論）、『いすと麦わら帽子』（太郎次郎社）の二冊の著書と、その他にも共著や群馬県教職員組合（当時）の機関紙「文化労働」やその他にも多くの文章を書いています。今回、出版するものは、「京都音楽教育の会」の求めにこたえて、機関紙「きょうと」に連載したものを、「会」の了解を得て、出版することにしたものです。

堀沢敏雄は、履歴にも記しましたが、日本のアジアなどへの侵略戦争のために、大学を早期（繰り上げ）卒業させられ、召集されました。召集されたのは、一九四四年二月・翌年の一月七日から、アメリカ軍は、フィリピンから総攻撃を開始し、フィリピンの日本軍を壊滅状態にすると、一気に沖縄本島に攻め入り、あの悲惨な「沖縄戦」となりました。父たちは、沖縄の伊良部島や宮古島に潜んでいました。そのため、難を逃れ、敗戦後、アメリカ軍の艦船で博多につき、そこで解放されました。そして、その年の十二月末に、疎開先の両親の待つ群馬県利根郡利根村追貝（現在の群馬県沼田市利根町追貝）に復員します。

次の文章は、父の初めての著書である、『綴方の中の子ども』（新評論）の冒頭の部分です。

〈リアリズム〉

ゆくりなく土に親しむ心には飢ゑて死なむとせし過去があり

敗戦の年、昭和二十年の暮も押し詰まった十二月二十八日、私は生まれてはじめての土地、群馬県利根郡利根村追貝の土地を踏んだ。そこは母のふるさとであった。私の脳裏には飢えにきびしく、みじめだった戦地での傷痕がありありと焼き付いていた。沖縄からの帰還の船倉で、鉄の床板にさわる痩せた尻骨の痛みがありありと残るほどの疲れ方だった。私は沖縄からの帰還の船の中で、その船倉暮らしのよりどなさに、頭の中で幾つかの短歌を作ったりした。メモを取る気力のない私の脳裏で、いくつかの短歌が浮かんでは消えた。ふつう頭の中で作られた歌は、よほどのことがないかぎり、メモをとらないでは、日を経て脳裏からは消えてしまう。しかし、次の歌だけは、村に帰って幾日か経った私の記憶にあざやかに残されていた。

よりどなく目覚めし夜の船倉に銃持つ米軍監視兵過ぐ

帰還して生まれて初めての雪にうずもれた村の生活。山や畑をおおう白雪のまばゆさに、悪夢のような戦地での思いは消しとんだ。山村の春は遅かったが、しかし雪が消えるとともに、まず山にぢしゃの花が咲き、つづいて村の中に、梅、桜、梨の木々の花が、ほとんど間を置かずにその花を開いた。乏しい食料の足しにするために山林を拓き、そこにわずかながらの土地を肥やした。百姓の仕事の清しさが、おとろえた私のからだを急速によみがえらせてくれた。「ゆくりなく……」の歌は、そうした私の思いをこめて作られたものだった。

その「ゆくりなく……」の歌と、帰還する船中で作った歌とをふくめて、私は五首の歌をハガキに書き、雑誌『アララギ』の土屋文明選歌に送った。過去に三度ほど短歌を投稿したことのある土屋文明選歌だった。それまでに投稿した歌稿は、過去三度とも極く短い選評とともに送り返された。選評に曰く、「ツマラヌ」！

しかしその時送った歌稿は、五首のうち二首が土屋文明選歌として『アララギ』に載った。それが「ゆくりなく……」の歌と「よりどなく……」の歌だった。私は送られてきた『アララギ』を、むさぶるようにしてくりかえし読んだ。そしてリアリズムの何たるかが、おぼつかないままに、何かわかりかけてきたような気がしたのだった。

復員後、両親のもとで療養生活を送る中で、母の俊子と出会い、一九四七年に結婚し、同年に東中学校が開校すると、そこの教員となりました。教員としての仕事や教育の仕事の喜びに目覚めていく様子が、先に紹介した二冊の著書などでも明らかです。戦後の新しい息吹を体中で感じて、心も体も生き生きとなっていく様子が伝わってきます。

今回出版した『子どもをとらえる眼をより深めるために』をお読みいただけると、堀沢敏雄がどのようにして、子どもたちの無限の可能性を信じ、その能力を引き出すために闘ってきたかの一端がご理解頂けるものと思い、今回の出版をすることとしました。なお、父が、勤評闘争や安保反対の闘いにも積極的にかかわっていきましたが、私の母は、貧しい村の生活の中で、畑を借りて野菜や大豆などを作り、部落の人たちの仲間に加わって自前の味噌を造ったり、正月用のお餅をついたりなど、父が教育に力を尽くせるように、私たちの生活を支えました。また、母は、庭に花々を育てるのが好きでしたが、そこには、万葉集でうたわれている山野草や花をつける木々も多くありました。一番の父の良き理解者だったのかもしれません。

この出版に当たっては、「あけび書房」代表取締役の岡林信一さんに装丁を含めさまざまなお願いを致しました。この場を借りて、心からお礼を申し上げます。

宇敷輝男先生には、序文をはじめ、極めて丹念な校正等をしていただきました。心から感謝いたします。また、父の無二の親友でもあり一番の理解者でもあった宮下久夫先生が、早く逝き、父はつらい、寂しい日々を送っていましたが、「京都音楽教育の会」のみなさんとの研究会や交流が何よりも父の力になりました。心から感謝申し上げます。

なお、この一冊が、現場で必死に子どもと向き合っている教員のみなさんやこれから教員を目指そうとしている方々の励ましになればこの上なく幸せなことです。

また父とともに「教育とは何か」と正面から向き合い、時の権力にもおもねることなく闘ってこられた父の友人のみなさんや全国の教育関係者のみなさんに、心から感謝し、この一冊をお届けします。

（２０２４年11月５日　堀沢茂幸　24年は母俊子の七回忌、25年は父敏雄の十三回忌になります。）

堀沢敏雄（ほりさわ　としお）

1923 年 3 月、東京、入船に生まれる
1929 年 4 月、京橋区立鉄砲洲尋常小学校入学
1943 年 9 月、中央大学を早期卒業
1944 年 2 月、召集される
1945 年 12 月、敗戦により沖縄宮古島から博多、母親の生まれ故郷である群馬県利根村追貝に復員
1947 年 5 月、利根村の東中学校（現在の沼田市利根中学校）の教員となる（在職 11 年 10 か月）
以降、片品中学校（５年）、白沢中学校（４年）、川場中学校（２年）、昭和東中学校（11 年）、月夜野第一中学校（３年）に勤務し、1983 年に定年退職
2013 年 11 月、亡くなる
元群馬作文の会会員、元日本作文の会会員

子どもをとらえる眼をより深めるために

2024 年 11 月 5 日　初版 1 刷発行
著　者　堀沢敏雄
発行者　岡林信一
発行所　あけび書房株式会社
〒 167-0054　東京都杉並区松庵 3-39-13-103
☎ 03.-5888- 4142　FAX 03-5888-4448
info@akebishobo.com　https://akebishobo.com

印刷・製本／モリモト印刷

ISBN978-4-87154-272-2　C3037